温儒敏／主编

坚定地向存在的荒凉地带进发

史铁生 传

李伟 著

长春出版社

全国百佳图书出版单位

图书在版编目（CIP）数据

坚定地向存在的荒凉地带进发：史铁生传／李伟著．—长春：长春出版社，2017.1（2020.1重印）
（常春藤传记馆／温儒敏主编）
ISBN 978-7-5445-4673-7

Ⅰ．①坚… Ⅱ．①李… Ⅲ．①史铁生（1951-2010）-传记 Ⅳ．①K825.6

中国版本图书馆 CIP 数据核字（2016）第279480号

坚定地向存在的荒凉地带进发：史铁生传

著　　者	李　伟
责任编辑	高　静
封面设计	楠竹文化
出版发行	长春出版社
总 编 室	0431-88563443
市场营销	0431-88561180
网络营销	0431-88587345
地　　址	吉林省长春市长春大街309号
邮　　编	130041
网　　址	www.cccbs.net
制　　版	佳印图文
印　　刷	吉林省科普印刷有限公司
开　　本	787毫米×1092毫米　1/32
字　　数	110千字
印　　张	8.375
版　　次	2017年1月第1版
印　　次	2020年1月第4次印刷
定　　价	19.80元

版权所有　盗版必究
如有图书质量问题，请联系印厂调换　联系电话：0431-80867799

总 序

温儒敏

十多年前,我主持人民教育出版社高中语文教材的编写,其中选修课就专门设置有《中外传记选读》一种,我自己还动手编写了这本教材。因为受高考"指挥棒"影响,一般学校的选修课未必真能让学生自主选修,很多选修教材编出来都没有使用,但《中外传记选读》一直很受欢迎,每年都有重印。这让我对传记的阅读推广有了特别的关注。

我还注意到最近三四年高考语文试题命制的一种趋向,无论全国卷还是其他省市卷,阅读题往往都选传记作为材料。比如今年(2016年)全国卷的甲、乙、丙三个卷子,文言文阅读的材料全是传记,包括《明史·陈登云传》(甲卷)、《宋史·曾公亮传》(乙卷)和《明史·傅珪传》(丙卷);现代文阅读的实用类文本也多用传记,节选了《吴文俊传》和《陈忠实传》。可见传记阅读越来越受到重视,考试也有意往这方面引导。

中小学语文教材也应当多选一些传记。现在

教育部正组织编写一套新的义务教育语文教科书，聘我担任总主编，这套新教材就选了不少名人传记，并鼓励学生多读传记。

为什么中小学生要多读传记？我曾在《中外传记选读》的前言中说过理由，这里不妨转述一下：

> 同学们都渴望能拥有健全、快乐和成功的人生，现在的学习阶段就在做准备，而且其本身就已经是你人生经历的一部分。我们该怎样设计自己的人生？当然最重要的还是学习。除了学习文化知识，还要从历史人物或者成功的人物身上学习宝贵的生活道理、人生哲学以及获取成功的途径。这就是励志教育，是人生教育中非常重要的部分。人都需要不断添加生活的动力，特别是在年轻的时候，要有偶像和楷模，有高远目标的激励。如同英国思想家培根所说过的："用伟人的事迹激励我们，远胜一切的教育。"让同学们从那些杰出的成功的人物身上吸取人生的经验，从前人多种人生道路的选择中寻找我们各自的"契合点"，这就是我们设立这门课的主要目的。

这里说的"设立这门课的主要目的"，其实

也是我们推出这套"常春藤传记馆"丛书的目的。

"常春藤传记馆"丛书由北京大学语文教育研究所组织编写,长春出版社出版。全套丛书初步设定为100种,每本10万字左右,其选目、内容和写法都是为中小学生"量身定制"的。我们希望这套丛书能作为基本图书进入中小学图书馆。和其他同类传记图书相比,"常春藤传记馆"丛书有四个特色:

一是传主覆盖范围广。包括中外古今各个领域的名人,涉及政治、军事、科学、实业、社会活动、文学、艺术、革命等领域。重点考虑有代表性的、在精神层面可以给学生激励的那些名人。

二是和课程教学有呼应。中小学除了语文,各个学科的教材和教学都会涉及中外古今各个领域的著名人物,选择主题首先考虑这一情况,选取学生有所接触又可能希望进一步了解的那些名人。这可以满足学生不同的兴趣爱好。

三是专门为中小学生编写。本套传记不是专业性强的评传,而是重在勾勒传主生平事业贡献的小传,内容和文字力求深入浅出,生动形象,有趣有味。阅读对象接受水平可以定位在初中程度,也可以稍高一点。特别是有些理科方面的传记,主要面对高中生。其实,小学生的课外阅读也要取法乎上,他们可以读这套为中等文化水平的读者设计的书。

四是内容安排上特别注重励志及健全的人格心理引导培养,在叙说传主生平事迹时,适当地自然地凸显这些方面的思考。

丛书取名"常春藤传记馆",有特别的含义。"常春藤"是一种多年生常绿藤类灌木。美国哈佛大学等几所著名的私立大学,组成体育联盟,叫"常春藤盟校",其起名是因为这些老校的校舍墙上常攀缘有常春藤。本丛书以"常春藤传记馆"作为标识,是虚拟的意象,可以联想到著名的学府,也可以联想到古代的书院,从而营造浓郁的阅读氛围和宁静的心境。另外,"常春"和"长春"同音,暗含这套丛书是由长春出版社出版的。

但愿广大师生喜欢这套书,也期盼大家提出批评建议,共同来经营好这套书,让"常春藤传记馆"更好地满足广大读者,特别是中小学生课外阅读的需求,满足语文教学的需求。

2016年6月30日济南历下

(温儒敏,山东大学一级教授,北京大学中文系教授,教育部聘义务教育语文教科书总主编)

前　言

　　史铁生是中国当代著名作家,也是一名病重的残疾者,坐在轮椅上长达三十八年,一生饱经病痛的折磨却创造了不平凡的生命奇迹与人生价值。史铁生把这种特殊的人生经历和生命体悟融入他所热爱的文学事业中,用文学来拯救被病痛折磨的躯体之下的灵魂,在死神一次次来临时,他坚守生命不枯竭,写作不停止的信念,为世人留下了一部又一部优秀的文学作品。史铁生取得的文学成就证明了一种生活的真理:人的一生会面对各种意想不到的生活苦难与人生不幸,但只要勇于坚守自己的理想,敢于面对一切艰难困苦,必能获得成功,实现极不平凡的人生价值。

　　童年家庭生活的和谐氛围、爱好文学的母亲以及知青生活带给史铁生深刻的记忆与影响;青年时期遭遇病痛瘫痪的折磨,母亲的突然离世使他陷入生活的困境,后以顽强的毅力投入文学创作,感知生命的真谛。史铁生把痛苦的人生感悟融入写作,表现出一种不平凡的生命价值与生生不息的文学精神。正如史铁生所言:"生命的意义就在于你能创造这过程的美好与精彩,生命的价值就在于你能够镇静而又激动地欣赏这过程的美丽与悲壮。"① 史铁生的生命信仰和文学精神将永不停息地激励着成千上万读者的人生。

---

① 史铁生.好运设计[M]//史铁生.日常生命观.北京:北京大学出版社,2015:57.

目录

第一章　幸福童年与沉重青春 / 001

　　奶奶屋檐下的星空 / 001

　　青春时期的狂欢与困惑 / 016

　　奋激地融入知青插队的热潮 / 043

第二章　病魔来袭与人生转折 / 059

　　从延川知青到北京街道的临时工 / 059

　　母亲离世涂抹青春的黯淡与痛苦 / 079

　　在人生失落中走向文学写作 / 110

第三章　爱情来临与生命亮光 / 144

　　点燃生命的希望与家庭的温暖 / 144

　　文学的奋进与平淡的低调 / 159

以生命善待和感知文学 / 181

第四章　生死超越与坦然无为 / 205

生死转折与透析生活 / 205
死神的眷顾与文学的追逐 / 215
灵魂的伟大与精神的不朽 / 237

第一章
幸福童年与沉重青春

奶奶屋檐下的星空

对于大多数人来说,一生最美好的时光应该是童年,可能正处于童年的小朋友会反驳这一观点。相对来说,纵观人的一生,单纯稚嫩、无忧无虑的童年时期,人的幸福指数会比较高。对于多半人生都在遭受病痛折磨的史铁生来说,更是如此,童年是他一生中最为幸福和美好的时刻。

据史铁生的自传体小说《奶奶的星星》,以及他的生前好友孙立哲等撰写的回忆文章中所写,史铁生小的时候,由于父母忙于工作,他是跟随着奶奶长大的,整个童年时期他与奶奶的感情非常深厚。进入青春期后,受当时的政治风波影响,史铁生在内心深处不得不控制与奶奶的情感,他反叛的心灵陷入了渴望亲情却又不能拥有亲情的矛盾中。当奶奶被迫离开北京返回河北老家后,史铁生对奶奶充满深深的思念,后来他插队下乡因患病才返回北京与奶奶重聚,他非常珍惜这段美好的相处时光,直到奶奶离世。史铁生的奶奶一生勤劳质朴,忍受众多生活苦难,总是保有着自强不息的上进精神,这对于青年时期的史铁生影响很大,甚至是对史铁生的童年和人生成长起着非常重要的表率作用。

史铁生1951年1月4日出生于北京草厂胡同39号,一个三世同堂的大家庭里。据他的奶奶回忆,史铁生是在一个下着大雪的凌晨来到人世的。关于自己名字的由来,史铁生以一种风趣的口吻谈道:"我的第一位堂兄出生时,有位粗通阴阳的亲戚算得这一年五行缺铁,所以史家这一辈男性的名中都跟着有了一个'铁'字。堂兄弟们现在都活得健康,唯我七病八歪终于还是缺铁,每日口服针注,勉强保持住铁的入耗平衡。好在'铁'之后父母为我选择了'生'字,当初一定也未经意,现在看看倒像是我屡病不死的保佑。"[①] 史铁生在

---

① 史铁生.病隙碎笔(之二)[M]//史铁生.对话练习.长春:时代文艺出版社,2000:304-305.

堂兄弟中排行老三，自己家中有一个比他小十三岁的妹妹。史铁生的父亲史耀琛毕业于北京农业大学林学系，"文革"时期辗转于东北、云南等地工作，后调回北京任林业部职员。史铁生父亲为人憨厚老实，平时不善言辞，儿子瘫痪的灾难对他打击很大，他变得更加沉默寡言。加之妻子中年突然离世，史铁生的父亲更是把沉重的苦难深藏于心，默默地支撑和照料着这个支离破碎的家庭，陪伴着儿子史铁生，直到1996年秋因心肌梗死去世。史铁生的母亲是北京林学院的一名会计，出身名门，是一名性情浪漫、聪明贤惠、漂亮多姿的女子，年轻时颇有几分才情，喜欢文学，得知儿子想写小说后，极力鼓励儿子从事文学创作。

史铁生的父母都出身于家业显赫的大户人家，他们的婚姻是门当户对的家庭包办。只不过后来发生变故，家道中落，到史铁生这辈时变成了一般出身的职员家庭。如果追溯到史铁生的祖辈，那是一个非常富足和高贵的大家庭，祖籍是河北涿州，家境相当殷实。史铁生在八十年代初期发表的自传体小说《奶奶的星星》中，谈及全县近一半的土地都归史家所有，史家是全县最富有的家庭。史铁生在访谈中也多次谈道,他的祖父是大地主,外祖父曾是国民党统治时期的高官,中华人民共和国成立后被枪毙。由此可见,史铁生父母应该就是今天所说的"富二代""官二代"。但事实是,这种出身在那个讲究阶级斗争的年代里带给子女乃至整个家庭的却是一种耻辱和压制,甚至是痛苦和灾难。当然,这种牵连和影响也蔓延到青年史铁生的身上,他自小是由奶奶带大的,在时代政治风波中,奶奶无疑被归为地主阶级,这必然影响到少年史铁生的心理成长与个人发展,由于家庭出身的影响,史铁生一辈子都没有机会加入共青团。

在历史沉浮和变迁中,史铁生的家庭发生重大变化,祖父英年早逝,由祖母承担起整个家庭。史铁生的祖母出生于一个开棉花店的买卖人家,因长得漂亮,父母执意以女儿为复兴家业的筹码而将其上嫁到富贵的史家,但事违人愿,祖母嫁入豪门却生活得并不幸福。祖母在大家庭恪守规矩,看人眼色地小心行事,受尽屈辱和压制,实际上并没有给娘家带来荣华富贵。史铁生曾以巴金小说《家》中瑞珏的人物命运,来形容祖母的"富贵"生活,在一个严格遵守封建等级制度、讲究三从四德的传统大家庭中,祖母失去了自由,因为遵守封建家规,她痛失自己的第一个孩子。① 可见,史铁生的祖母并不是当时政治意义上的"地主",她也是遭受封建制度压迫的受苦人群,却因为嫁入地主家庭,在"文革"时期的政治运动中,无法避开被归为地主阶级的命运。这样一位饱受封建压迫青年守寡的妇人却坚强地支撑家庭,含辛茹苦地把三个儿子养大成人。虽然史铁生的祖母从未读过书,却对读书有着深深的崇拜和敬意,深知读书可以改变人的命运,自己没有遇上好的时代,但是一定要让儿子们读书上学。

据史铁生的堂弟史铁桥回忆:"我奶奶生了六个孩子(一女五男),活下来我爸他们哥儿仨,五叔是最小的。我爷爷奶奶同岁,爷爷三十三岁就因病去世,奶奶年轻轻地就守了寡,在封建的大家庭里处境艰难,但没读过书的她硬是咬着牙,坚持要三个儿子先后都上了大学。好在那时上'国立'大学是不收学费的,我爸读清华时还申请到

---

① 史铁生.奶奶的星星[M]//史铁生.史铁生作品集:第1卷.北京:中国社会科学出版社,1995:199.

（折合四分之三袋面粉）生活补贴，主食选择吃窝头就不需再交伙食费了。"[1] 史铁生的奶奶最初带着一大家子，寄住在北京一户李姓人家的四合院里，因为两家关系密切，所以不需交房租，她在这里把三个儿子都培养成才后，又继续抚养着下一代。史铁生的大伯是清华大学化工系的高才生，父亲毕业于北京农业大学，叔叔则上了军事学院，这在旧中国的年代里是非常了不起的。史铁生的大家庭生活的氛围非常融洽，可谓是书香门第，这一切都要归功于奶奶的开明和奋进。史铁生的童年就是在这样和谐友好的氛围中度过的。

史铁生的童年是欢乐的，这种幸福和美好离不开奶奶的陪伴。史铁生在他的文学作品中曾讲述奶奶的故事，小说《奶奶的星星》中记叙了奶奶与他相依相伴的童年时光。史铁生对于世界和童年的记忆是依偎在奶奶怀里，哭闹过后又安静天真地和奶奶一起看着天上的星星，听着奶奶讲故事。这一时刻相对于史铁生遭遇病痛折磨的多

---

[1] 史铁桥.永远的背影[M]//"写作之夜"丛书编委会主编.生命—民间记忆史铁生.北京：中国对外翻译出版有限公司,2012:178.

半人生来说,确实是他人生最美好的幸福时光。史铁生曾回忆道:"世界给我的第一个记忆是:我躺在奶奶怀里,拼命在哭,打着挺儿,也不知道是为了什么,哭得好伤心……奶奶忽然说:'你快听,听见了么……?'我愣愣地听,不哭了,听见了一种美妙的声音,飘飘的、缓缓的……是鸽哨儿?是秋风?是落叶划过屋檐?或者,只是奶奶在轻轻地哼唱?直到现在我还是说不清。……屋顶上有一片晃动的光影,是水盆里的水反射的阳光。光影也那么飘飘的、缓缓的,变幻成和平的梦境,我在奶奶怀里安稳地睡熟……"① 满天星辰的夏夜,奶奶摇着蒲扇,给史铁生讲着天上星星的故事,如果地上有人去世,天上就会增加一颗星星,照亮人的灵魂。飘来的阵阵凉风,闪烁满天的星星,成为史铁生童年最为深刻的记忆。奶奶对他的疼爱,淡然生死的美好寄托,深深地影响着史铁生幼小的心灵。史铁生后半生历经病痛的生死折磨,依然期待、珍惜着生命的美好,源于奶奶豁达世态情怀的熏陶。

---

① 史铁生.奶奶的星星[M]//史铁生.史铁生作品集:第1卷.北京:中国社会科学出版社,1995:180.

史铁生在散文《故乡的胡同》《有关庙和记忆》中讲述着他童年时期与奶奶相依相伴的亲情。奶奶第一次带他走出胡同去看病,买糖葫芦安慰因打针号啕大哭的孙子,并告诉他出生于医院的一所小洋楼里。奶奶带他去离家不远的小庙游玩和乘凉,等待着晚风和月光来临的夏夜,细数着一颗颗亮起的星星,等等。这些珍贵的记忆让童年的史铁生真切地感受到了美好亲情带来的幸福感。散文《老海棠树》中较为详细地描述了祖孙俩相处的细节。史铁生永远不会忘记奶奶站在那棵老海棠树影下张望的样子。奶奶洗脚时总避开别人而不躲史铁生,因为她是裹小脚,① 史铁生见到怪异的小脚后,非常心疼遭受封建制度压迫的奶奶。奶奶对邻居孩子特别疼爱和友好,救济受穷母女,与史铁生一起做家务等情景表现了她既善良温和,又好强能干。奶奶时常羡慕史铁生的母亲赶上了好时候,有文化和知识,可以

---

① 裹小脚,是旧时代封建制度对女性身心摧残的一种陋习,要求女子长到一定年龄,大多从四五岁开始用布帛把双足缠裹起来,目的是让它变得又小又尖,因为"三寸金莲"是古代女子审美的标准。裹脚习俗始于北宋,直到辛亥革命后,这一陋习才被废除。

出门工作，与同事说笑见世面。奶奶极其渴望拥有一份属于自己的工作，自食其力，因此她向邻居学习补花、糊纸袋，来证明自己存在的价值，挣钱后经常带着邻居和亲友一同去看戏。奶奶没有上过学，又因为出身不好，被戴上"地主阶级剥削者"的罪名，为此，她在扫盲班上总是比别人表现得更加积极，更认真地识字，积极进行思想改造，极力证明自己的清白。只要是有利于党和社会的事情，奶奶总是铭记于心。她热情地负责起全院的卫生工作。

"文化大革命"时期，年迈的奶奶依然没有逃脱政治运动的磨难，身心受到摧残，不得不返回乡下老家躲避灾难，回京后仍然是兢兢业业参加劳动改造。年近七十岁的她每天天不亮就外出扫街，参加改造学习班，挖防空洞，躲避那些鄙视她地主身份的人。奶奶通过加倍地参与劳动来证明自己的劳动人民意识，因无法参加小胡同里成分好的老人负责保安值班工作而失落。奶奶一生劳累而好强，早年遭受封建家庭的压迫，中年扶持儿孙成长，晚年又因出身不好而被鄙视。奶奶常为自己没有遇上好的机会而愤愤不平，但她并没有一味地怨天尤人，而是靠着自己的坚强毅力战胜苦难,以实际行动和热情来争取与他人平等的人格和尊严。

奶奶一生中最为快乐的事应该是看到儿孙满堂,她把这种坚强美好的品格无形地传给孙子史铁生,让他终身受益。史铁生曾回忆道:"奶奶已经死了好多年。她带大的孙子忘不了她。尽管我现在想起她讲的故事,知道那是神话,但到夏天的晚上,我却时常还像孩子那样,仰着脸,揣摩哪一颗星星是奶奶的……我慢慢去想奶奶讲的那个神话,我慢慢相信,每一个活过的人,都能给后人的路途上添些光亮,也许是一颗巨星,也许是一把火炬,也许只是一支含泪的烛光……"[1] 史铁生美好单纯的童年离不开奶奶的呵护和教育,奶奶一生凝聚着吃苦耐劳、心地善良、和蔼可亲、勤劳质朴、持之以恒等众多的优秀美德,这些美德都深刻地影响着童年的史铁生,对他的成长和性格形成起着至关重要的作用。这也时刻激励着成年后的史铁生勇于战胜苦难,坚强奋进地投身于自己热爱的文学事业,虽然身体残疾,却保持着积极向

---

[1] 史铁生.奶奶的星星[M]//史铁生.史铁生作品集:第1卷.北京:中国社会科学出版社,1995:182.

上与健康乐观的精神。

史铁生的童年不仅有着浓厚亲情的关怀,还有着小伙伴们的友情和老师的关爱陪伴。史铁生在多篇散文中叙述了自己多彩的童年生活片段,《我的幼儿园》中写母亲第一次把他领进幼儿园的情景,新奇又陌生的校园生活,尤其是终身未嫁的孙老师和苏老师,总是慈祥又忙碌地看护着东奔西跑的顽皮孩子,慌张地担心着孩子们会损坏房东家的花草,买来一架风琴轮流弹奏,教着那群满怀激动和欢快、满脸天真烂漫的孩子们唱歌。史铁生因为淘气犯错被苏老师罚站,委屈地在糊白纸的窗棂上写了许多"苏老太太",苏老师发现后,颤抖地告诉史铁生,那是她和孙老师糊了好几天的劳动成果。惭愧致使史铁生提前告别了幼儿园时代,单调短暂的幼儿园生活因为有两位受过良好教育、温文尔雅的老师的陪伴,让后来的史铁生记忆犹新,体悟到与世无争、安贫乐道的别样人生。《庙的回忆》中谈到小学校园里的一位和蔼可亲的摇铃老头,他总是和蔼友善地让孩子们摸他的鼻头和光脑袋,赢得了孩子们的爱戴,他深知孩子们的心情,因此摇上课铃时紧张,摇下课铃时舒畅。当他离去后,新来那位严肃的摇铃人按的电铃是那么让人恐慌和焦急，孩子们时常怀念这位友好的摇铃者和他那懂得人心的铃声。童年时期师长的品格和精神让幼小的史铁生感受到了人与人之间的友爱和理解。

史铁生上小学的那一年，因为街道成立人民公社征用民房，公社机关看上他们家居住的四合院，父母和奶奶、史铁生一家四口不得不把家搬到了观音寺胡同。临近有一座破败无人看管的大庙院，从此这里便成为童年史铁生和小伙伴的"世外桃源"，逃过大人们的视线，他们在这里尽情地"施展拳脚"。同伴们一起玩耍游戏，齐读一本小人书，一块儿抄作业，捉蚂蚱，抓蜻蜓，弹球子，等等，这里成了史铁生童年狂欢的乐园。

史铁生在散文《庙的回忆》中曾谈道："很长一段时间那儿都是我们的乐园，放了学不回家先要到那儿去，那儿有发现不完的秘密，草丛中有死猫，老树上有鸟窝，幽暗的殿顶上据说有蛇和黄鼬，但始终未得一见。"[①] 可见，史铁生的小学时光是充满快乐和欢笑的，有玩耍相聚的固定

---

①史铁生.庙的回忆[M]//史铁生.记忆与印象.北京：北京出版社,2004:47.

场所,更有着一群同龄的小伙伴。在散文《八子》《看电影》《珊珊》等篇章中,史铁生回忆了童年时代与同龄邻居小伙伴一起看电影、买东西、想心事的美好岁月。邻里好友八子因家庭贫困,兄弟姐妹多,总是穿着姐姐穿过的花衣服,这让他成为小伙伴们羞辱的对象,八子为此苦恼万分却无法改变现状。八子虽然顽皮好动但对人十分讲义气,经常大度善意地原谅小伙伴们对他友情的背叛。八子与小伙伴史铁生为看电影,因只有一毛钱,不惜以种种计谋甩掉两个弟弟,终究耽误了那场属于儿童专场的电影。两人在回家的路上买了一盘热灌肠,弥补了没有看上电影的失落。与天真聪明的八子约定的友好誓言成就了童年史铁生忠诚于内心的勇敢,"但是那一天,那一天和这件事,忽然让我不再觉得孤单,想起明天也不再觉得惶恐、忧哀,想起小学校的那座庙院也不再觉得那么阴郁和荒凉了"[①]。童年伙伴的友谊和共同玩耍丰富了童年史铁生幼小的心灵和情感世界。

---

①史铁生.八子[M]//史铁生.记忆与印象.北京:北京出版社,2004:77.

史铁生在《珊珊》中表达了他童年时想帮助他人却无能为力的忧伤，以及对邻居小伙伴珊珊不幸家庭命运的同情和关心。一位怀着童年梦想热爱跳舞的女孩珊珊，因为家庭不幸总是忍受苦难和亲情冷落的折磨，幼小的心灵受到了伤害。炎热的夏季，一群不睡午觉的小伙伴陆续来到小院，珊珊正在准备开学将要表演的芭蕾舞蹈，她穿着刚刚熨好的白色连衣裙，在宁静的海棠树下一次次翩翩起舞，快乐地沉浸于属于她的童年梦想之中。舞蹈引来了捉蜻蜓的小史铁生和小恒的观看，珊珊高兴又自得。然而，由于孩子的天真和大意，熨裙子的烙铁烫坏了床单和被褥，犯错引发继母的责骂，恐惧让珊珊逃走了，但是她又能逃到哪里去呢？在众邻居们的着急和担心中，童年史铁生在小学校找到了珊珊，胆小的史铁生勉强努力地劝说着珊珊回家，伤心和忧愁让珊珊忘却了史铁生的存在，她走向操场又一次沉浸在属于她的舞池。在结束一切美梦之后，珊珊还得回到那不属于她的家，更无法躲过继母的暴打。

　　史铁生回忆着童年小伙伴美好的梦想，但命运的不幸让那个本应快乐愉悦的女孩生活得如此卑微和恐惧,"这一段童年似乎永远都不会长大,因为不管何年何月,这世上总是有着无处可去的童年"①。史铁生童年这份稚嫩的忧伤来源于对他人不幸的同情和关心,这对于幼小的心灵也是一个很大的人情感悟。面对弱者的不幸,幼小的史铁生充满着无奈和无助,只能幻想着每个人的童年都拥有属于自己的快乐和梦想,即便是外在的苦难和忧愁也无法阻挡童心对于美好理想的渴望和期盼。

总体说来,童年时期的史铁生过得还是比较快乐和幸福的,这源于他生长在知识分子大家庭的生活环境和接受的良好家庭教育。由于史铁生的童年处于新中国刚刚成立的五十年代,那个时期,整个国家的发展和人民的生活都处于非常落后的状态,资源的短缺与社会建设的艰难,解决温饱问题对于贫苦大众来说是首要任务。史铁生能够生于一个城市中的中产阶级家庭,父母都接受过良好的教育,都有正式工作,衣食无忧,家庭和睦,这些对于那个时代的人来说,本身就是

---

① 史铁生. 珊珊[M]//史铁生. 记忆与印象. 北京:北京出版社,2004:93.

一种幸运。史铁生的童年时期生活在一个相对祥和安逸的北京四合院中,拥有浓厚的家庭亲情氛围,有奶奶的宠爱和父母的关心,还有大杂院小伙伴们的陪伴,因此,从幼儿园到小学的这段童年时光是史铁生的一生中最为幸福快乐的时刻。

青春时期的狂欢与困惑

如果说史铁生的童年充满着快乐和幸福,那么他的青年时代更多则是带着狂欢之后的困顿感。1964年,史铁生小学毕业并以优异的成绩考取清华大学附属中学。据他的生前好友孙立哲回忆:"史铁生是城里王大人胡同小学千里挑一的顶尖学生,三道杠的大队长袖标在臂膀上戴了好几年。这骄人的成绩既培育和巩固着铁生的自尊心,也鼓舞着父母对儿子的期望。"[1] 按照史铁生的成绩,在当时肯定可以选择京城里的其他名校,但他选择了清华附中,其主要原因是受家庭因素的影响。史铁生出生的时候,伯父正好清华

---

[1] 孙立哲.想念史铁生[M]//"写作之夜"丛书编委会主编.生命—民间记忆史铁生.北京:中国对外翻译出版有限公司,2012:4.

大学毕业，父亲也曾想考清华大学，但没有考上，最后考取了离清华大学不远的北京农业大学（现为中国农业大学）。史铁生的母亲在离清华大学只有一条马路之隔的北京林学院（现北京林业大学）工作。虽然同为高校，北京林学院和清华大学却有着无法逾越的差距，可以想象，清华大学在史铁生父母心中的重要性。因此父母是非常支持史铁生考取清华附中的，这在一定意义上也寄托着父母未完成的夙愿。

史铁生会选择清华附中也有一些外在因素的存在。六十年代的清华附中变化很大，兴建起大片校舍，崭新的教学楼和宿舍拔地而起，这在当时的那个年代可谓是气势雄伟壮观。教学部也由原来的初中部扩展到高中部，教学体系比较完整，加之清华附中的生源非常不一般。据史铁生的同学、现居住于美国的刘瑞虎回忆："他住在北新桥，我住在东四，都是北京胡同里长大的孩子，这在清华附中那样的学校里是不太多的。附中学生的身份被认为是'三高'，就是'高干、高知、高薪'。而我们的父母都是小知识分子，那些个'大院'里的学生不大看得起我们这些胡同里的"。① 这些人在今天的中国看来就是所谓的"官二代""富二代",唯独少了高级知识分子,那个时代真正的知识精英是从西方国家往中国跑,与今天中国的留学观念恰恰相反,今天我们是想方设法往外国跑,最好的情况是永远定居国外,甚至是以此为荣。

在二十世纪五六十年代的中国,知识精英的国家观念和报效祖国的意识是非常强烈的,国家非常重视高学历的知识分子,尤其是出国留学人员抛弃国外比中国不知好多少倍的工作环境和生活条件,回到自己落后的国家,主要动力就是爱国,祖国重于一切,他们身上有一种今天的人们所缺乏的国家责任感和良知,他们要尽力用自己所学的知识和技术来报效祖国。如钱学森、华罗庚、钱三强、邓稼先等高科技领域的专家和学者突破重重阻碍回到祖国怀抱,支援国家建设,积极贡献自己的力量。政府必然给予这群精英良好的科研和生活待遇,他们回国后奔赴清华、北大这

---

① 刘瑞虎.高山流水 四海神游——谈天说地话铁生[M]//"写作之夜"丛书编委会主编.生命—民间记忆史铁生.北京:中国对外翻译出版有限公司,2012:143.

样的名校，他们的子女也可以接受最好的教育，因此清华附中里学生的家长，很可能就是清华大学里在某一方面有突出贡献的领军人物，或者是教授。这对小知识分子家庭出身的史铁生来说，完全靠着自己的成绩考进清华附中是非常不容易的，这充分见证了童年史铁生的聪明才智，他是一名比较优秀的学生，为父母和家人争得了荣耀。

　　史铁生的一生中接受的最高学历教育始于清华附中，也终止于清华附中。可以说，史铁生自1964年8月进入清华附中学习，直到1967年毕业这段时间是他人生最为重要的时刻，这是他的思想观、人生观和价值观形成的关键时刻，甚至也是他日后从事文学创作的一个重要的积淀时期。因为在这里，史铁生得到了许多优秀老师的教导，可以和一大群青年学子相互学习交流和探讨人生，更是遇到众多的人生挚友。当然，这一时期的史铁生经历了"文化大革命"的开始，这场后来波及全国和影响一代人人生的政治运动，也深刻地影响了青年史铁生，给他花样的青春年华增添了更多的困顿和忧郁。因此，在清华附中读书时期对于史铁生来说非常重要，是他的思想形成和人生价值积淀的关键时期。

一 清华附中时期的师生情

史铁生自小就在语文方面表现比较突出,在他十岁的时候就在作文比赛中得了第一名。当时,母亲高兴至极地告诉他,她小时候的作文做得还要好,老师甚至不相信那么好的文章会是她写的。老师找到家来问,是不是家里的大人帮了忙。我那时可能还不到十岁呢①。可那时不太懂事的史铁生,对此却不屑一顾地一笑了之。但当史铁生真正地踏入文学的道路,并取得了一定成就之后,才真正理解了母亲的良苦用心,深知母亲给予他的文学天赋和生命精神的传递。母亲无疑是在以自己的事情,来鼓励史铁生在特长方面要持之以恒。其实,史铁生一生中的成就不仅在于文学创作方面,在其他方面也有所见长,如书法、绘画、篆刻、象棋、音乐等都是史铁生的业余爱好。据他的清华附中的同学和老师回忆,中学时代史铁生的表现就比其他人突出。

中学时代的史铁生不仅功课特别好,而且非常喜爱体育,运动场上经常出现史铁生和同学打

---

①史铁生.合欢树[M]//史铁生.上帝的寓言.武汉:长江文艺出版社,2012:5.

排球、篮球以及参加赛跑竞技的身影。据史铁生的清华附中同学孙立哲回忆:"初一结束时,史铁生成了全年级公认的'德、智、体全面发展'的顶尖学生之一。"① 他是在无线电小组活动第一次与史铁生真正接触的。史铁生提出关于无线电方面的几个问题让同学大为吃惊,他才得知史铁生不仅是一个擅长朗读和作文的学生,而且是在无线电和美术方面都有所精通的多方面发展的人才。与史铁生熟悉后才得知史铁生的理想是考取清华大学的理工科,"假如没有后来这么大的人生曲折,我想他会成为一个建筑设计家,或者物理学教授,或者工程师。虽然他的作文好,我敢打保票,史铁生绝不会专门从事文学创作"②。由此可见,中学时代的史铁生是一个有着自己的理想和抱负的青年学生,但是,在那个动荡的年代,人是根本无法预知自己未来的命运和人生

---

①孙立哲.想念史铁生[M]//"写作之夜"丛书编委会主编.生命—民间记忆史铁生.北京:中国对外翻译出版有限公司,2012:19.

②孙立哲.想念史铁生[M]//"写作之夜"丛书编委会主编.生命—民间记忆史铁生.北京:中国对外翻译出版有限公司,2012:11.

的。史铁生最为欣慰和难忘的是他在清华附中遇到了最美好、最让他感动的好老师,并与其建立了人生最为纯真和深厚的友谊。

这一时期史铁生接触到的几位优秀的老师,对他的人生和文学影响很大。初中时期的王玉田老师和董玉英老师,对残疾后的史铁生有着巨大的精神鼓舞。两位老师是夫妻,都在身体方面略有残疾。董老师毕业于师范大学,长得非常漂亮,性格欢快爽朗,因小儿麻痹后遗症,腿脚有些残疾,她是史铁生初一的语文老师。王老师是史铁生初中时期的班主任,一位在音乐方面非常有才华的老师,他患有先天性心脏病,却无法做手术修复,医生曾预测他活不到三十岁,他却凭着对待病情的坦然和潇洒,坚强地活到了花甲之年。王老师一生致力于自己的音乐教育事业,当他的学生们为他一次次倒下而担心绝望之时,他却一次次地铤而走险,乐观地看待生死,忘却了自己病情的存在,继续热爱他的教育事业,仍然激情澎湃地在课堂上弹琴,教学生唱歌,排练他的校园乐队,使音乐的热情和欢笑充满着整个校园。王老师忠于自己事业的热情,为了实现理想与病魔搏斗的精神,深深地激励着青年时期的史铁生。

史铁生曾在《纪念我的老师王玉田》一文中谈道:"我最终从事了文学创作,肯定与我的班主任是个艺术家分不开,与他的夫人我的语文老师分不开。在我双腿瘫痪后,我常常想起我的老师是怎样对待疾病的。"[1]从史铁生对两位老师的评价中可以见出师生情分的深厚。1991年9月8日,史铁生和同学自发组织了一场纪念王老师从教三十五周年的专场作品音乐会,而王老师却在准备走向舞台的那一刻倒下去了,这时的史铁生正手捧鲜花,准备献给他尊敬的老师。然而,这一次王老师再没有像学生们期待的那样,挣扎着站起来。王老师倒在音乐会舞台边的一幕深深地印在史铁生的脑海中,这也时时激励着史铁生一定坚持到生命的最后一刻,这是老师对他最后的教导。史铁生曾这样评价他的王老师:"纯洁、高尚、爱和奉献,是他音乐永恒的主题;海浪、白帆、美和创造,是我们从小由他那儿得来的憧

---

[1]史铁生.纪念我的老师王玉田[M]//史铁生.史铁生散文.北京:中国广播电视出版社出版发行,1998:164.

憬；祖国、责任、不屈和信心，是他留给我们永远的遗产。"① 可见史铁生内心对老师充满深深的敬重，而老师以身作则、身正为范的优秀品格永远激励着史铁生。

上了清华附中的史铁生正处于青春期，对社会、对世界都有着自己的思想认识和理想观念。因此，他难免把自己的想法和思考写到作文之中，但是在那个政治局势动荡不定的时代里，如果发表不端的思想言论，是极有可能被定格为犯政治错误的，甚至会影响一个人的发展前途和人生命运。

1965年秋天，正在读初二的史铁生写了一篇几千字的议论文，他对这篇文章比较满意，有理有据地陈述了自己对于理想观问题的一些思考。当时教授语文的王漱瑱老师给了这篇文章八十分，点评他的作文时，只是客观综合地解析了文章主题和思路。显然，没有像史铁生期待的那样在思想方面给予评价，不知道是因为青年期的躁

---

① 史铁生. 纪念我的老师王玉田[M]//史铁生. 史铁生散文. 北京：中国广播电视出版社出版发行，1998：162.

动,还是其他的原因,一向内敛谦逊、温和腼腆的史铁生做出了一个冲动的表现,他打断了正在讲课的王老师,以嘲讽的语调大声地说道:"难道你要把今日之课堂变成昔日秀才之朝吗?"① 当众让王老师不知道如何回答。在六十年代的中国课堂上,当众反驳老师,是要受学校的校规和纪律的惩罚的,尤其清华附中的校风更为严厉,同学们都为史铁生的大胆妄为而吃惊和担心。然而,王老师并没有上报学校惩罚史铁生,而是课后给史铁生进一步解释此事。其实,王老师早已在这篇文章中看出了史铁生是个有思想、有才华、有出息的好学生。她之所以在课堂上没有夸赞史铁生的这篇文章,也没有评价文章的思想观念,是想要保护年轻气盛的史铁生。这样单纯地、口无遮拦地表达自己的想法和观点,在当时那个讲究政治立场鲜明的年代,这种超前的思想和做法很有可能会给个人的前途带来灾难。

---

①孙立哲.想念史铁生[M]//"写作之夜"丛书编委会主编.生命—民间记忆史铁生.北京:中国对外翻译出版有限公司,2012:20.

王老师的人生阅历丰富，曾担任过著名社会学家费孝通先生的助理，她的丈夫曾是一位留学于美国麻省理工学院（MIT）和哈佛大学的无线电专业的博士，回国后成为清华大学最年轻的教授，就因在《新清华》报纸上发表了自己的办学观念，批评国内办学教育培养方针的不当，又因赶上国内盛行"反右派"运动①，因此，王老师的丈夫成了"资产阶级和个人主义"的批判典型，被带上了"右派"的帽子，一夜之间前途无望，丢掉了清华大学教授的工作，再也无法实现自己的理想和抱负，还连累了全家跟着受苦。二十世纪五六十年代的中国，是一个讲究政治立场的时期，不允许个人在思想和政治立场上出现错误，如果发表脱离时代的个人思考，那他的人生将会无法继续前行。正因王老师有着这样一段可怕的经历，当她看到史铁生的文章，与丈夫当年

---

①1957年4月，中国共产党进行了一次党内自我检讨的"整风运动"，到7月扩展为对于一些批判和攻击中国共产党和社会主义制度，倡导中国走资本主义道路的资产阶级右派反革命的行为和言论，进行全国范围内的斗争和批判。因为被扩大化从而导致一些知识分子受冤，直到1978年，政府才对一些被错划为"右派分子"的人员进行复查和平反。

的言论颇有几分相似时,她才会奋力地保护史铁生,在课堂上对史铁生的作文采取客观的冷处理,课后才与史铁生深谈其中的要害。王老师是在教育史铁生保持自己的理想可以,但要在保护自己的前提下才能向理想迈进。王老师以自己的方式巧妙地保护了单纯固执的史铁生。若干年后,当史铁生和同学们去看望王老师时,老师依然记得当年史铁生对她的课堂质问,表扬他敢于独立思考、质疑深思的优点,看到史铁生赠给她的小说集,夸赞史铁生真的成了今日之秀才了。由此可见师生之间深厚的情谊,以及老师对青年史铁生的教育和培养。

二 清华附中时期的同窗情

史铁生在清华附中读书期间,因为住校,与同学有着足够的相处时间,经常与同学们一起学习,相互交流思想,讨论社会问题,参加课余活动,时常与同学出入清华园、圆明园、颐和园等地方。史铁生与同学在相知相伴中建立了深厚的友谊,有些同学甚至成了他终生的挚友。史铁生曾谈道:"我的写作和清华附中不可能没关系。什么是清华附中情结?我觉得就是精英情结。不管是红卫兵也好,其他出身的也好,都有干一番事业的强大愿望。"① 从一定意义上说，史铁生的清华附中情结更多的是他在与同学们一起读书学习，一起漫步闲聊的日常生活中形成的。史铁生在清华附中期间结识了孙立哲、阎阳生、李子壮、陈冲、曹博、陈瑞虎、姚建、刘愉、樊玲玲、邢仪等同学和好友，其中有些同学随着史铁生一起下乡，度过了那段难忘的知青岁月，因此建立了深厚友谊。

中学时代的史铁生经常和同学一起外出游玩，同学孙立哲因为父母都在清华大学工作，家又住在清华西门内的公寓，史铁生与他结识后，又认知了更多的清华大院内、父母是精英知识分子的同学。由于时常出入同学家，史铁生无意间欣赏到了一些高端的美术作品和油画。孙立哲从小在清华园内长大，对园内各处非常熟知，史铁生正是在他的带领下，游览了清华园内的名胜，如"水木清华"和朱自清散文中写到的"荷塘月色"，美景和历史故事的融合，给青年史铁生留

---

① 史铁生，阎阳生. 透析生命[M]//"写作之夜"丛书编委会主编. 生命—民间记忆史铁生. 北京：中国对外翻译出版有限公司，2012：72.

下了深刻印象。史铁生第一次来到圆明园是在老师的带领下，在圆明园他接受历史教育，感受国家曾经的落魄所带来的历史耻辱和悲凉，而后史铁生经常与同学结伴来到这座与清华附中只有一路之隔的废弃荒园，在触摸着历史遗迹的同时，与一群风华正茂的同龄少年在谈天说地中，感悟着历史和人生，这对于史铁生的世界观和人生观的形成都起到了关键性的作用。

史铁生还曾骑着母亲的自行车与同学一起到颐和园去春游，结队的同伴中大多来自清华园内的高级知识分子家庭，他们郊游的装备都是父母留学从国外带回来的。如英美品牌的自行车和不锈钢水壶等，这在那时较为落后的中国十分罕见，这让同行的史铁生在好奇之余也增长了见识。此时的史铁生快乐并兴奋地与同伴骑车急速驶向颐和园，中途因同学曹博的自行车链突然脱落，大家停下后便进入了一座喇嘛庙，感受那座古建筑物时过境迁后的沧桑和历史沉浮。史铁生就是与这些家住清华园内的同学，在外出游玩时的相知相伴中建立了深厚的友谊，开启了思考人生梦想的风帆。

在清华附中读书期间的史铁生在同学们眼中

是一个多才多艺的有为青年,不仅在语文方面突出,而且在写字、画画、体育等方面都各有成就,并充满正义。据他的两位同班同学回忆:在"文化大革命"的初期,班里的一位女同学因为家庭出身不好(大多是出身地主、反革命、"右派"、富农等家庭)受到"红五类"(出身背景较好的如革命干部、军人、工人、贫下中农等)男学生的暴打而引来学生的围观,坐在角落里的史铁生平静且面无表情地说:"她怎么了你们就打她?出身不好就该打吗?"[1] 在史铁生的质问中,打人者停止了恶行,那时的史铁生只有十五岁,但他以正义的本性,勇敢站出来同情弱者,质疑政治激情疯狂下的不公正的规则。

出生于中华人民共和国刚刚成立时期的史铁生,他的青少年时期正值国家发展最为困难的落后时期,后又经历"文化大革命"的十年政治运动,国家经历了种种社会变动,人们长期处于一种激情澎湃的状态。这对于史铁生的青年成长和

---

[1] 樊玲玲.不做中国保尔[M]//"写作之夜"丛书编委会主编.生命—民间记忆史铁生.北京:中国对外翻译出版有限公司,2012:221.

人格塑造来说，必然有着深刻的影响，也是一种历练，正如他的同学孙立哲所言："史铁生与我们同龄人一样，家庭传承和社会环境决定我们的基本生存假设和命运。初中以前的人生，虽然经历了'反右运动'、'大跃进'、'庐山会议'、'三年自然灾害'、'中苏论战'等，但是这些消息没有带来直接经验，只是潜移默化地形成了我们命运的纤维，构筑了我们认识世界的基本框架，而真实的世界模棱两可。"①

三 参与政治热潮带来的困惑

1966年中国发起了"文化大革命"政治运动，此时史铁生正在清华附中读书。清华附中的学生率先组建红卫兵，成为发动全国造反的先锋阵地。这些学生出身和家庭背景较为复杂，多为高干军政家庭出身，他们获得信息的渠道较为直接和先进。史铁生由于出身不好，被排除在"红五类"之外，没有直接加入红卫兵，但是与参加红卫兵的同学有着密切的关系，目睹和感受了

---

①孙立哲.想念史铁生[M]//"写作之夜"丛书编委会主编.生命—民间记忆史铁生.北京：中国对外翻译出版有限公司,2012:29.

"文革"期间动荡和激情的政治运动给整个社会与个人带来的种种变动。这是史铁生最为重要的人生经历,对他的思想观和世界观产生了巨大的影响。史铁生的清华附中同学兼挚友孙立哲曾谈道:"与红卫兵交往,参加政治运动,给史铁生留下了一份深刻的体验。这是铁生观察道德冲突、理解人性本质,以及后来思考政治哲学的起点,铁生多次和我提到。"[1] 可见,史铁生的人生思考与这段"文革"经历有着密切的关联,其实,"文革"不仅仅是对一个人,而是对史铁生同龄的这一代人有着挥之不去的人生影响。

二十世纪五六十年代的中国,社会上出现了根据人和家庭背景出身而定性的盛行的阶级称呼,这些称呼在"文革"时期一度成为标示人的政治出身背景的代名词,如"红五类""黑五类""灰五类",显然,这些等级森严的阶级类别,在当时的中国预示着人们将会面临着不同的人生命运。顾名思义,"红五类"的人群阶层是指来自

---

[1] 孙立哲.想念史铁生[M]//"写作之夜"丛书编委会主编.生命—民间记忆史铁生.北京:中国对外翻译出版有限公司,2012:7.

家庭成分较好的人员，如革命军人、干部、烈士及其家属、贫下中农和产业工人等。这类人在当时的中国有着良好的政治发展前途，受到社会各界的尊重和特别对待，例如在接受教育和安排工作方面等。与之相对，"黑五类"是指出生于家庭成分不好的专政对象，这类人的家庭背景在旧时代物质生活比较富足，如地主阶级、富农阶级、反革命"右派"和坏分子等。

这种政治身份标签给人民在"文革"时期带来很多的灾难和痛苦，有些人受到当时社会的歧视，毫无政治前途可言，严重影响了教育和工作，甚至是婚姻。"灰五类"是"红五类"与"黑五类"中间阶层的家庭成分，这类人的命运比"黑五类"相对较好，如城市平民、资产阶级、知识分子、职员店员、从商者或者自由职业者、农村中比较殷实的富裕中农等。"灰五类"的子女可能只有极少数人能够得到上医农类大学的机会，但不可以进入一些国家重要的机关和学校工作或者学习。在那个政治动荡的年代，"灰五类"虽然不会像"黑五类"人受到严重的批斗，但是要小心从事，夹紧尾巴做人做事，因为他们随时都有可能被划到"阶级敌人"的行列之中。"黑五类"的命运最为悲惨,在受到社会政治身份歧视之余,还成为阶级斗争的对象,经常被扣上"阶级敌人"的帽子,接受改造和政治教育,根本没有入党、提干、升学、招工的机会。由此可见,在当时的中国社会中,对家庭成分有着严格的界定,这种界定严重地影响和决定着个人的前途和命运,这也是历史发展过程中一个带有鲜明时代特点的历史印迹。

在清华附中读书时期的史铁生就成长于这样一个政治感强烈的年代,他的家庭成分是小知识分子职员家庭出身,因为他的父亲是林业部的职员,母亲是会计,原则上应被归为"灰五类"。但是,史铁生祖父辈的家庭成分让他们一家人在那个政治运动狂欢的年代生活得心惊胆战。史铁生的外祖父在抗日战争期间参加了国民党军队,后又做了大官,在五十年代镇反运动中被枪决。他的祖父也是拥有众多土地的大地主。因为这段鲜为人知的家世,让史铁生的家人在当时那个年代低头做人,小心行事,生怕在政治运动中出现意外,影响到整个家庭的命运。

"文革"时期,史铁生的母亲由于家世原因刻意地与政治运动保持着较远的距离,没有随波逐流地参加到造反大军中去，得知史铁生满怀豪情地参加全国青年学生大串联时，母亲特意告诫史铁生不要向外人透露自己的家世情况。母亲的敏感和明智是为了保护家人和青春勃发的史铁生。"文革"时期的史铁生原本也想像清华附中里一群狂热的少年那样，走在革命造反的先锋队伍中，但家庭的政治出身把他挡在门外。因此，史铁生无法参加到红卫兵的运动中，但这不排除他的思想里有着那股革命冲动的激情，同时有着怕被随时定性为"黑五类"政治身份的害怕和恐慌。当时史铁生祖母的身份与地主阶级有着挥之不去的渊源，他又是跟随着祖母长大的，因此此时的史铁生处于思想的反叛与精神的困惑状态中。这种反叛来源于时代蓬勃的政治运动，激发了他年少追赶时代激流的热情，困惑源自他的个人思考，让他徘徊于社会政治现状与个体对世界的认识和感悟。如对政治运动中的过激行为，暴力对人生命和精神的双重摧残的个人认知判断；如对待家庭出身和祖辈的态度，突出表现为对祖母的矛盾态度，对外祖父身份的认识等。

　　清华附中是"文革"时期红卫兵发起的首要阵地，其中的大多数成员都是有着政治狂热的有为青年。在此读书的史铁生或多或少地耳闻和目睹着红卫兵运动的发起和造反行为,甚至有些红卫兵成员是史铁生认识的同学或者是校友。史铁生与他们有一定的接触,难免一起参加造反活动。史铁生曾在访谈时说到自己在"文革"开始之初,正在清华附中读初二的他,起初是站在保护校领导的队列之中,为此还受到学校书记的特别鼓励。但是,事情向后发展却出现了意外状况,从而导致十五岁的史铁生不知所措,"但我不解的是,为什么那么多和我站在一边的人,在一夜之间,马上就转到红卫兵那一边去了?怎么忽然就说校领导是修正主义的?工作组一进校,我就懵啦。所以说我那时智性未开。"① 由此可见,在这样一种政治激流的狂潮中,热血青年极容易奔时代潮流而去,个人意识和意志很容易被群体跟风意识所驱使。

史铁生在那段时期也曾有过跟风的经历,据他的生前好友回忆:"铁生跟着几个激进的同学

---

① 史铁生,阎阳生.透析生命[M]//"写作之夜"丛书编委会主编.生命—民间记忆史铁生.北京:中国对外翻译出版有限公司,2012:71.

到清华照澜院抄老'右派'钱伟长的家。"[①] 史铁生在自传体小说《奶奶的星星》中也提及在学校里是想参加红卫兵的，由于自己的出身不属于"红五类"就被清除出列，但是那时年少的内心是充满惶然不安的。在随笔散文《病隙碎笔》中真实地谈到"文革"时期自己参与政治运动，以及被清除出队列后的躁动不安。"记得'文革'刚开始时，我曾和一群同学到清华园里去破过四旧，一路上春风浩荡落日辉煌，少年们满怀豪情。……到了人家的客厅里砸碎几只花瓶，又去人家的卧室里割破了两双尖皮鞋，然后便想不出再要怎样表现一腔忠勇。……正当我们发现了那家主人的发型有阶级异己之嫌，高叫剪刀何在时，楼门内外传来了更为革命的呐喊：'非红五类不许参加我们的运动！'这样，几个同学留下来继续革命，另几个怏怏离去。我在离去者中。一路上月影清疏晚风幽怨，少年们默然无语，开

[①] 孙立哲.想念史铁生[M]//"写作之夜"丛书编委会主编.生命—民间记忆史铁生.北京：中国对外翻译出版有限公司,2012:38.

始注意到命运的全面脸色。"① 可见，在清华附中读书时期的史铁生受红卫兵激情的影响，曾有过想融入时代激情的冲动和反叛的梦想。

在清华附中读书时期的史铁生一面期待能够参与红卫兵运动激流，另一方面又无法接受他们的过激行为，尤其对政治意识的身体暴力和精神压制有些反感。但是，在那个政治觉悟压倒一切的年代，年少的史铁生对此无法理解，虽深深怀疑却无能为力。因为在那个特殊的年代，谁也不敢随意地发表自己的真实心声，尤其是与时代激流相悖的意向，可以说这一时期的史铁生内心是充满着困顿和挣扎的。

史铁生谈起"文革"时期其内心的复杂困惑："待暴力升级到拳脚与棍棒时，这几个不红不黑的少年已经明确自己的地位，只作旁观了。我不敢反对，也想不好该不该反对，但知不能去反对，反对的效果必如牛反对拖犁和马反对拉车一般。我心里兼着恐惧、迷茫、沮丧，或者还有一些同情。恐惧与同情在于：有个被打的同学不

---

① 史铁生.病隙碎笔（之一）[M]//史铁生.对话练习.长春：时代文艺出版社，2000：281.

过是因为隐瞒了出身，而我一直担心着自己的出身是否应该再往前推一辈，那样的话，我就正犯着同样的罪行。迷茫呢，说起来要复杂些：原来大家不都是相处得好好的么，怎么就至于非这样不可?"① 可见，小小年纪的史铁生已经对于当时红卫兵的过激行为和受迫害者的不公正，深表怀疑与费解，联想到自己的家世，内心无疑又充满难以言说的恐慌，时代政治运动的高压给史铁生的青春期涂上了阴暗的云朵。

史铁生曾在他的小说和散文中写到祖父辈的家庭成分在"文革"时期带给他个人思考的记忆和困惑。《一个人形空白》中提到因为外祖父显赫的家世，后做过国民党的官员在中华人民共和国成立后受制而死，他的事迹给整个家庭带来的灾难性的阴影。母亲为此失去与他人平等的教育机会，失去自己的梦想和前途，等等。外祖父不被当时的整个社会公认，但时过境迁后，从母亲和亲戚的叹息声中得知，外祖父并不是被社会定性的那样，他曾在抗日战争中奋勇杀敌，是一位

---

① 史铁生.病隙碎笔(之一)[M]//史铁生.对话练习.长春：时代文艺出版社,2000:281-282.

被大伙公认的人才,曾兴办学校,致教救国。他的儿子参加共产党的队伍,曾奉劝他出门隐蔽风头,但是他为人过于耿直,自认问心无愧,怎可以拱手相让,无论如何也不逃跑,后进京弃政从商后遭人诬陷而被抓,临刑还不知自己服刑何罪。史铁生如是回忆自己不敢询问母亲关于外祖父的故事,"'姥爷'这个词,留下来的不是故事,而是一个隐匿的故事,是我从童年到少年一直到青年的所有惧怕"[1]。可见,外祖父的家庭成分和经历使少年史铁生心理上蒙上阴影。得知故事真相并非如此,让年少的史铁生面对激烈的政治运动陷入了个人的困惑,但也只能是个体的感知,着实难以言说。

史铁生在《奶奶的星星》中审视和反思自己在那个特殊的年代,由于政治阶级因素表现出对被定为"地主"奶奶的情感态度的变化,面对亲情和政治时内心的犹豫和彷徨。史铁生后来回忆道:"我那时当然有阴影,因为我是我奶奶带大的,虽然她从来都没说过什么。我在懵懂未开时

---

[1] 史铁生.一个人形空白[M]//史铁生.记忆与印象.北京:北京出版社,2004:27.

就隐约感到一种压力。所以我这一辈子没有入团。"① 可见，那时的史铁生陷入了情感压抑与政治激情的矛盾之中。史铁生与奶奶的感情深厚这是必然，年少的他在陪伴奶奶去夜校接受思想改造时得知她被列为"地主"后，徘徊于恐慌和不安之中。以孩子的思维审视着奶奶，她并没有欺压百姓，只是高攀嫁到了地主家，曾饱受封建制度的欺压，善良的她同情弱者，在那个物资匮乏的年代，她大方地善待邻居顽皮的孩子，她勤劳自食其力地参加劳动。因为有着"地主"的政治身份，奶奶总是比别人表现得更为积极和卖力，但仍然无法得到与他人平等的权利。

年少的史铁生常常为奶奶是"地主"挣扎苦恼，甚至刻意地冷漠奶奶的情感。当他把自己的心声告知邻居小伙伴后，就连小伙伴都极其肯定善良的奶奶不是"地主"，但是事实上奶奶被社会归类为"地主"，这让当时的史铁生颇为费解。"有好几年，我心里总像藏着个偷来的赃物。听忆

---

① 史铁生,闫阳生.透析生命[M]//"写作之夜"丛书编委会主编.生命—民间记忆史铁生.北京:中国对外翻译出版有限公司,2012:72.

苦报告的时候,我又紧张又羞愧。看小说看到地主欺压农民的时候,我心里一阵阵发慌、发闷……奶奶要不是地主多好啊!……有好几年,对这件事我心里总是惶惶的。我希望那是假的,但愿是那个晚上我听错了。我去想奶奶做过的事,说过的话,一会觉得奶奶真是有点像地主,一会又觉得一点也不像……奶奶不会是地主,奶奶还总让我教她唱《社会主义好》呢。"[1] 这充分地表明在那个政治运动疯狂的特殊年代,人可能会因为时代的某种趋向而怀疑亲情和家人,或者是陷入矛盾的困惑之中。史铁生在小说中写道:"当母亲告之奶奶因躲避政治运动而回老家了,他却暗自感到轻松,'奶奶不在了,别人也许就不会知道我是跟着奶奶长大的了。我生怕班里的红卫兵知道了这一点,算我是地主出身。'"[2] 青涩的少年,在那个政治运动疯狂的年代,难免陷入时代激情和自我思考的彷徨之中,这不是史铁生一个人的

---

[1] 史铁生.奶奶的星星[M]//史铁生.史铁生作品集:第1卷.北京:中国社会科学出版社,1995:193-197.

[2] 史铁生.奶奶的星星[M]//史铁生.史铁生作品集:第1卷.北京:中国社会科学出版社,1995:205.

困惑,这是那个时代无数意气风发少年、青年的困惑,只不过有的走向了极端,有的却因为各种原因幸运地躲过了灾难。史铁生就是后者之一,由于他的家庭成分和政治出身让他与红卫兵运动擦肩而过,因此避开了"文革"时期可能带给他的不可预知的灾难,但给他留下了青春的冲动和困惑。

奋激地融入知青插队的热潮

1967年,史铁生毕业于清华大学附属中学,当时正是"文化大革命"运动如火如荼进行之中,澎湃的政治激情冲昏了人们的头脑,让人们无心顾及劳动生产,社会上到处搞政治斗争,出现了政府机构瘫痪、学校停课、工厂停工、医院找不到医生的景象。城市停工和停业的现状,导致许多高中、初中毕业的学生成为整日没有工作可干的无业游民,政府设法应对,想尽快对红卫兵做出处理。1968年12月国家下达了毛泽东主席的重要指示,要求"知识青年到农村去,接受贫下中农的再教育,很有必要。要说服城里的干部和其他人,把自己初中、高中、大学毕业的子女,送到乡下去,来一个动员。各地农村的同志应当欢迎他们去"①。其实早在五十年代的中国,政府就发动城市知识青年积极响应毛泽东主席的号召,离开城市,奔向农村参加革命劳动,与农民同吃同住,向人民群众学习。

这场被称为"上山下乡"的运动,一直延续到七十年代末,这种运动初期的主要形式是城市知识青年下放到农场、兵团、干校等地参加劳动,接受思想教育,后期发展为插队的形式。因此,"知青"和"插队"就成为中国特殊历史时期参加"上山下乡"运动的青年学生的特定称谓。"知青"特指在这段历史时期接受过初中或者高中教育的学生,自愿或被迫从城市下放到农村去做农民的青年人。"插队"是指城市中的知识青年,以集体形式,三五成群地插到农村基层各个生产队,与农民一起参加劳动,如同普通社员一样在人民公社中劳动,凭挣工分和分口粮生存。因"文化大革命"运动导致城市的中学生滞留学校,出现1966、1967、1968年三届学生同时毕业现象,即所谓的"老三届"。

---

① 毛主席关于上山下乡的指示[N]//人民日报.1968.12.22.

在这几年之中,国家动员众多的城市青年前往农村,成为历史上一次城市人口走向农村的大迁移运动,"知青""插队""上山下乡"是与之有着密切关联的词,这段历史给中国几代人造成了深远的影响。就这样,为响应党中央的号召,成千上万的知识青年奔赴农村参加劳动改造,史铁生就成了其中的一员。这段知青插队生活是史铁生最为重要的人生经历,可以说给予他宝贵的精神财富,无论是对他后来从事的文学创作还是对人生价值的思考,都有着重要的意义。

1969年初,史铁生自愿与清华附中的同学们一起来到陕北延安农村插队,居住在延川县清平川关家庄的窑洞中。与史铁生分在同一组的共有二十多名青年男女,他们大多都是清华附中时的同学或者是上下届的校友,他们在一起上山干活劳动,同锅同灶生火做饭,砍柴拾草的朝夕相处中建立了深厚的情谊。男生们到了晚上在微弱的油灯下读书、写诗,天南地北地畅聊人生哲学。这些城市知识青年很快融入到了农村生活中,以各自的才能在农村中各显神通帮助当地农民。史铁生应农民老乡的要求,在结婚物件的柜子上施展了他的画技天赋。队友孙立哲则自学医技,大胆地在农村免费给乡民治病就医,救死扶伤。

中国六十年代的乡村与城市相比也是有一定差距的,对于来自城市的十六七岁的青年人来说,农村的生活条件十分艰苦,繁重的农活等都是可以克服的,最为艰难的是正值青春年华长身体的时期,却整日忍受着食不果腹的挨饿时光。据史铁生插队时的队友回忆:"记得一次快揭不开锅了,收工后需磨口粮,知青从队里又借不出好牲口,我们就自己推磨,像接力一样,俩人一组,一边一个,跑着推大石磨……没有煤烧了,老乡带领男生们,拉着架子车翻山越岭,到几十里以外的永坪拉煤,一天下来,女生们也曾怀着焦虑的心情盼着他们平安早归。"[①] 可见,忙碌艰辛的农村生活一方面带给知青有别于城市生活的那份新鲜,但更多的是把这些年轻人的青春斗志和人生理想慢慢消磨殆尽,让他们默默忍受着信息的闭塞与单调乏味的劳动。

在二十世纪的六七十年代的中国,很多像史铁生这样对青春人生充满着懵懂和反叛意识的年

---

① 樊玲玲.不做中国保尔[M]//"写作之夜"丛书编委会主编.生命—民间记忆史铁生.北京:中国对外翻译出版有限公司,2012:222.

轻人主动来农村插队,他们饱含着对乡村和人生的诗意向往,或者是时代激流的鼓动,带着未知的人生梦想及无法言说的激动来到陌生的他乡,展开一段融合人生五味的生活经历。史铁生患有先天性脊椎裂,原本可以不用去农村插队,他的母亲也曾给他开具了病况证明,但是他主动报名参加插队运动,这更多的是青春激情的驱使与时代潮流的推动。

史铁生在小说《插队的故事》中谈到当时城市青年去插队时的心情和想法:"发自心底想去插队的人是极少数。像我这么随潮流,而又怀了一堆空设的诗意去插队的就多些……延安对我确实有吸引力。不过如果那时候说,也可以到儒勒·凡尔纳的'神秘岛'去插队,我想我的积极性会更高。我那时既不懂发愁,也不太去想什么前途,一切单凭兴趣,随潮流。"① 可见,那时的史铁生更多的是带着青春的热情与单纯的冲动跟随着时代激流从城市来到农村,但就是这段经历成为史铁生一生都谈不完的话题,也成为他早期文学创作的源头。

---

①史铁生.插队的故事[M]//史铁生.史铁生作品集:第2卷.北京:中国社会科学出版社,1995:52-53.

史铁生的同学和好友常谈道，每次相聚，史铁生总是喜欢谈这段难忘的插队生活，黄土地的一草一木都留在他深刻的记忆之中，当然更多的是眷恋和深情回顾。插队队友庞沄曾谈道："铁生的一生都与黄土地有着不解之缘，否则他不会把插队当作旅游奔赴延安；不会撕掉母亲千辛万苦开出的病退证明，义无反顾回村带病苦干；不会在离开十几年之后坐着轮椅还要再回清平湾……"① 史铁生若干年后再次谈起这段插队经历，却是五味杂陈、情感悠长："豪情与沮丧，责任与失落，苦难与磨炼，忠勇与迷茫，深切怀念与不堪回首，悔与不悔……并没有谁捆绑着我们去，但'我们'是一条更牢靠的绳子。一声令下，便树立起忠与不忠的标识。我那时倒没有很多革命的准备，也还来不及忧虑前途，既然大家都去，便以为是一次壮大的旅游或者探险，有些兴奋。也有人确是满怀了革命豪情，并且果然大

---

① 庞沄.最后的聚会[M]//"写作之夜"丛书编委会主编.生命一民间记忆史铁生.北京：中国对外翻译出版有限公司，2012：270.

有作为。"① 就是史铁生的这种兴奋和青涩的单纯让他与这片革命老区的黄土地结下深深的缘分，让他与插队队友结下终生都难以忘却的厚重情谊。

史铁生的插队生活是丰富多彩的，一边与农民们一起参加劳动，一边与同组的插队女知青们刻意地保持着距离，青春的躁动夹杂着男子汉精神的羞涩，为单调沉重的乡村劳动增添了几分乐趣。史铁生和同学们来到农村后，第一次参加的劳动便是上山掏地，这些没有实践经历的青年学子，起初只是疯狂地用力向前面冲锋，却难以坚持很久就累倒在地。一天之中知青们最害怕的是天色朦胧的黎明，队长一声呐喊唤起一个个疲惫的身体，整装出发赶工去了，掏地、担麦子、挑粪上山、拉牲口犁地，等等，开始了一整天的劳作。最让队友们头疼的事是冬天没烧的，要学习上山砍柴、生火做饭，这对于十七八岁的城市青年人来说成了一大难题。

与史铁生一起插队的同学平均年龄为十七岁

---

① 史铁生.病隙碎笔(之一)[M]//史铁生.史铁生散文选集.天津：百花文艺出版社，2011：161.

左右,正值青春懵懂时期,在革命精神的倡导下,男生与女生之间保持着强烈的距离感,而且相互之间时不时地发生着刻意的矛盾,"不知是女生嫌男生做的饭不好吃又吃得多,还是男生怨女生挣的工分少,反正最后分灶了"①。男生和女生平日见面相互不搭话,只有发生矛盾时,各方会推荐代表出面交涉,后又因为库存粮食有限又开始合灶。在明确的分工与合理的秩序下维持着良好的关系,但男女生依然保持着表面的冷漠。男生在女生面前处处彰显其能力,极力掩藏异性的吸引,"也许是因为那个时代,也许是那个年龄,我们以对女性不感兴趣来显示'男子汉'的革命精神。平时,我们看见她们就装没看见,扭头走过去。不过总是心神不安定,走过去之后要活动活动脖子。她们迎面碰上我们多半是低下头"②。其实,这是那个年代的青年男女对于情感的渴望,内心充满着美好的向往,却以冷漠的方

---

① 樊玲玲.不做中国保尔[M]//"写作之夜"丛书编委会主编.生命一民间记忆史铁生.北京:中国对外翻译出版有限公司,2012:222.

② 史铁生.插队的故事[M]//史铁生.史铁生作品集:第2卷.北京:中国社会科学出版社,1995:55.

式来掩饰怦然间的心跳和激动。

在那个保守又革命的年代,为了给枯燥单调的劳动生活增加生动的氛围,男生们在下工回来的山沟里和梁道边唱起了外国名歌,如《莫斯科郊外的晚上》《喀秋莎》等之类,那时却被认为是"黄歌","姑娘""爱人""想念"等之类的词语被认为是"黄词"。当唱得忘情之时,却遇到了迎面而来的女生,噤声已晚,又为被听到而心神不定之时,对面却传过来了类似歌声的回应。由此可见,在那个特殊的年代,一群青春期的少男少女在这样一种内心相互吸引,表面却相互排斥中度过了曾经艰苦又欢快的青春岁月。若干年后,那时青春朦胧的情感变成了坚定的战友情、同学情、兄弟姐妹情,史铁生和当年的插队知青保持着深厚的友情,他们曾经多次帮助、看望和关心着史铁生,相聚时刻总不忘谈起当年的青春热情和共同度过的难忘岁月。

1969年4月,史铁生因腰腿病在同组插队同学孙立哲的陪同下返回北京治病,经过一段时间调理之后,他的病情有所好转,准备与同在延川插队的同学一起返回农村。这期间一行六人商议路过西安做片刻停留,然后去华山游玩。结果游玩中途遭遇大雨，他们躲入一座道观中避雨，饥寒交迫中聆听风雨松涛声响，饥肠辘辘之时，山顶气象站人员给了几个杂面馍充饥熬到天亮，披着晨雾观看华山日出的壮观美景，心情豁然开朗，褪去疲倦，忘记昨夜的困境，尽情享受大自然的美景。而后又游览了著名的华清池，安坐清泉池内，惬意享受沐浴的乐趣，在西安史铁生的三叔家借宿一夜后，过路铜川陆续赶往延安。正好遇见北京到延安的知青慰问团，借机会住宿于延安军分区招待所一晚，第二日清晨跟随慰问团的车到延川，休息一日后返回到关家庄的窑洞里。尽管从北京到关家庄一路奔波劳累，史铁生和他的同学却大智大勇地战胜各种困难，游玩欢乐之中夹杂狼狈和勇敢机智，胜利地返回农村。

当年史铁生再次返回农村后，生产队因照顾他的病情而让他担任饲养员，与老汉一起放牛喂牛。这是队长特殊照顾他，给他派了轻松的活儿。饲养员看着比一般劳动轻松，其实需要人的耐心和勤快，白天把牛赶上山，照料四处游走的牛群，防止牛偷吃庄稼苗，夜晚还要守护牛栏到十一二点，给牛添草，精心照看牛群的情况。史铁生在喂牛的闲暇之时看书，在山上放牛还时常能听到陕北的民歌。

若干年后,史铁生以这段插队时期的喂牛生活为原型,创作了小说《我的遥远的清平湾》,这是他早期创作的优秀短篇小说,发表于1983年一本纯文学期刊《青年文学》的第1期,同年获得全国优秀短篇小说奖。其实在这之前史铁生已经发表的小说《午餐半小时》和散文《秋天的怀念》等,已经得到社会认可。八十年代初期,正值文坛掀起对"文革"时期历史的记忆和书写的高潮,人们纷纷痛批这段难忘的历史带给人心灵的创伤和悲痛,这种被称为"伤痕文学"的书写苦难历程的感伤风格逐渐兴起。史铁生这篇带有真情实感的诗性化小说给悲情主流的文坛带来了清新之风,从此更多的读者开始认识和关注史铁生。

史铁生在这篇小说中平淡地描述着乡村生活的清贫,人情的纯真,黄土地上的人民在贫瘠的岁月保有着厚重的情怀与伟大的精神,人与动物、人与人之间那份不加修饰的真情萦绕于整篇小说之中。史铁生创作这篇小说的成功离不开他这段插队生活的积淀,离不开与劳苦大众同甘共苦的美好时光。史铁生曾谈到乡村经历给予他的生活影响:"那些艰苦而欢乐的插队生活却总是萦绕在我心中,和没有插过队的朋友说一说,觉得骄傲、兴奋;和插过队的朋友一起回忆回忆,感到亲切、快慰。我发现,倒是每每说起那些散碎的往事,所有人都听得入神、感动;说的人不愿意闭嘴,听的人不愿意离去。说到最后,大家都默然,分明都在沉思,虽然并不见得能得出多么高明的结论。每当这时,我就觉得眼前有一幅雄浑的画面在动,心中有一支哀壮的旋律在流。"① 就是这种难忘的记忆和深厚的感受,促使史铁生想把这种内心质朴的感受和真实的经历、感悟写出来,最终成就了这篇小说,为中国当代文坛增添了一篇佳作。史铁生后来又以他的乡村生活经历为基础,创作了《插队的故事》《黄土地情歌》等作品,回顾了插队时期的乡亲父老和知青队友。

史铁生的这段插队经历对他的人生和文学有着举足轻重的意义,它不仅带给史铁生终生的乡

---

① 史铁生.几回回梦里回延安—〈我的遥远的清平湾〉代后记[M]//史铁生.史铁生散文.北京:中国广播电视出版社,1998:5.

情和人情记忆,而且重塑了他的青春、理想、人生观和价值观,成为史铁生这一代人宝贵的精神财富。史铁生曾谈这段插队经历给予自己重要的意义和价值:"刚去陕北插队的时候,我实在不知道应该接受些什么再教育,离开那儿的时候我明白了,乡亲们就是以那些平凡的语言、劳动、身世,教会了我如何跟命运抗争。现在,一提起中国二字(或祖国二字),我绝想不起北京饭店,而是马上想起黄土高原。在这宇宙中有一颗星球,这星球上有一片黄色的土地,这土地上有一支人群:老汉、婆姨、后生、女子,拉着手,走,犁尖就像唱针在高原上滑动,响着质朴真情的歌。"[1] 这段特殊的历史经历给予史铁生最为珍贵的精神信仰,黄土高原上质朴的农民、炽热的乡情、坚韧的生存品格等,彰显着中国最为真挚的生命礼赞,彰显着朴实中有崇高,平凡中有伟大,凄婉中有欢乐,艰辛中有韧性的中国劳动者。

  史铁生成为职业作家后,仍然梦想着能够再

---

 [1]史铁生.几回回梦里回延安—《我的遥远的清平湾》代后记[M]//史铁生.史铁生散文.北京:中国广播电视出版社,1998:8.

回到当年插队的地方去看看,仍然想念着那片黄土地和生长在那里曾经伴随他成长的乡亲和旧地。1984年5月,史铁生在北京作家协会访问团几位作家的陪同下,实现了他多年的梦想,再次回到他当时插队的关家庄,来到他曾经生活的这片热土,看望了时常想念的乡亲和他曾经喂养的牛群。据当年同行的作家朋友回忆:"5月18日,我们从延川县城经关庄公社到铁生当年插队的关家庄村。天好像有些阴,不时飘忽着细细的雨丝。面包车在起伏的黄绿相间的塬上曲曲折折地行进,说笑声渐渐平息下来,越临近越安静。铁生一直默默注视着车窗外的山野……一进村就被包围了!一双双粗糙温暖的大手争先恐后地伸过来,把铁生从汽车抱上轮椅。一声声急切亲热的问候,使他穷于应答。老乡们一个个念叨着北京知青的名字,问长问短。铁生挨个握手,略加端详就能叫出那些乡亲的名字。人们里三层外三层。"① 陪同史铁生同去关家庄的延安诗人曹谷溪

---

① 牛志强.如歌的行板[M]//"写作之夜"丛书编委会主编.生命—民间记忆史铁生.北京:中国对外翻译出版有限公司,2012:291.

谈道:"当时可说是'倾村出动',全村几百口人敲锣打鼓地(把他)迎进村里,好几家宰杀鸭子,是当年最高的接待礼仪。铁生问种树、吃水等问题,对村子的所有事情都关心。看到这些场景,我常常激动得泪流满面,明白铁生为何能写出《清平湾》。"① 可见,乡村父老与史铁生的那段因共同劳动生活的经历而培养出的深厚情感。

史铁生与老乡们一起来到了清平川畔,再次观望着那条细水远流的小河,来到了插队时住过的窑洞,来到了当年喂牛的场院,来到了一个个熟悉又热情的老乡家,有着永远也聊不完的话题。这安宁僻静的小山村因为史铁生的到来而沉浸在欢乐的沸腾之中。在离别时刻,乡亲们送了史铁生一程又一程,车行了很远还能看到高崖畔上满满的人群。因此,这个不被世人知晓的陕北小村落因史铁生的一篇小说而让人时常遐想起来,"清平湾"饱含着史铁生与这片黄土地说不尽的深情。史铁生曾谈到他对这土地的难忘:"听说我瘫痪以后,拦牛老汉给我满山找来药材

---

① 陈国华.一座山村与一篇名作 史铁生的清平湾不再遥远[N]//.北京青年报,2014.10.30.

'穿肠骨'寄到北京;乡亲还托孙立哲给我带来十斤粮票,现在还珍存着。我能活下来,多亏了陕北乡亲。这篇'清平湾',我与其说是作者,不如说只是个执笔人,真正的作者是关家庄的乡亲们……这片土地有灵气,吸引着我。知青们不论现今在哪里,哪怕孙立哲在美国,都一样忘不了这片土地。"① 可见,中国当年这场浩荡声势的"上山下乡"运动,成就了史铁生这一代人的乡土情和人民情。

---

① 牛志强.如歌的行板[M]//"写作之夜"丛书编委会主编.生命—民间记忆史铁生.北京:中国对外翻译出版有限公司,2012:295.

第二章
病魔来袭与人生转折

从延川知青到北京街道的临时工

1971年9月,史铁生因腰病加重,由延川返回北京治病,从此便告别了知青生活,迎来了他人生的灾难。史铁生曾在《史铁生小传》中这样概括这段陕西插队生活:"三分虔诚,七分好奇。插队期间努力劳动,种了一年地,喂了二年牛,衣既不丰食且难足,与农民过一样的日子,这才看见一个全面的中国。不料小疾衍成大患,插队三年双腿忽然瘫痪,遂转回北京。"[1] 史铁生写信给远在云南下放的父母,父亲带着妹妹与史铁生

---

[1] 史铁生.史铁生小传[J]//.中学生阅读(高中版),2008,(2).

相约同时回京团聚,母亲因下放单位不允许而无法回京。刚到北京时,住在奶奶家,史铁生的腿还能勉强艰难地行走,父亲带着史铁生到处看病,而自尊要强的史铁生却坚持自己去医院,不让家人陪伴。据堂弟史铁桥回忆:"他在前面艰难地走着,二叔让我远远地跟着,若被他发现,我就说是去买东西。他双腿'还能走,走得艰难,走得让人伤心'的背影永远留在我的记忆里。"① 可见,年轻的史铁生内心保有着强烈的尊严,但是残酷的事实击碎了他那强大的内心。

史铁生的父亲因为儿子的病情不能好转而变得更加沉默,史铁生的情绪波动也极其强烈,据妹妹史岚回忆:"哥哥走路越来越费劲了,他动不动就发脾气。看见他把鸡蛋羹一下扔向屋顶、把床单撕成一条一条,我吓得已经不会哭了,只是大气不出地看着,盼着这一天赶紧过去。可是又怕明天还会发生什么。我亲眼看见他把一整瓶药一口吞下,然后疼得在床上打滚,看见他一把

---

① 史铁桥.永远的背影[M]//"写作之夜"丛书编委会主编.生命—民间记忆史铁生.北京:中国对外翻译出版有限公司,2012:181.

摸向电源,全院电灯瞬间熄灭,才知道什么是真正的恐惧和绝望。这种日子经常发生。"[1] 难以想象,对于这个刚活跃地从乡间回来,一位激情澎湃的插队青年来说,灾难的病魔将带给他怎样的情绪冲击和内心痛苦。

1972年1月5日,史铁生二十一岁生日的第二天,在父亲的陪伴下,史铁生住进了北京友谊医院,接受医院神经内科的治疗。刚进医院时,年轻好强的史铁生对于自己的病情充满着坚定的信念,一定要把腿病治好,否则就让自己死去,坚决不能这样颓废地活下去。但事实很残酷,史铁生的病情发生在人类最脆弱的脊髓上,而且并非是当时的医学能够查明和解决的病情。而对于二十出头的史铁生来说,他对自己的病充满着光明的希望,"我对医学对命运都还未及了解,不知道病出在脊髓上将是一件多么麻烦的事。我舒心地躺下来睡了个好觉。心想:十天,一个月,好吧就算是三个月,然后我就又能是原来的样子

---

[1] 史岚.我和哥哥[M]//"写作之夜"丛书编委会主编.生命—民间记忆史铁生.北京:中国对外翻译出版有限公司,2012:168.

了。和我一起插队的同学来看我时,也都这样想;他们给我带来很多书。"① 史铁生原本期待着自己在医院治疗之后能够康复,像从前那样正常地行走,而事实却出乎他的预料,三个月的治疗后,他的病情不但没有好转却变得更为严重,这让史铁生和家人陷入灾难降临的恐慌之中。

史铁生对希望病情好转的期望破灭之后,曾一度陷入内心痛苦又无奈悲伤的困境,他在散文《我二十一岁那年》中谈道:"心里荒荒凉凉地祈祷:上帝如果你不收我回去,就把能走路的腿也给我留下!我确曾在没人的时候双手合十,出声地向神灵许过愿。"② 但是上帝并没有保佑这个小伙子,医院不断为他更换病房,全科医生对他的病情不断探讨,最后诊断为"多发性脊髓硬化症",这种病的发病率比较低,当前医学界没有解决医治的办法。史铁生得知自己病情的严重性后,再也不能安心地阅读同学们给他带来的书,"终日躺在床上一言不发,心里先是完全的空白,

---

①史铁生.我二十一岁那年[M]//史铁生.上帝的寓言.武汉:长江文艺出版社,2012:8.

②史铁生.我二十一岁那年[M]//史铁生.上帝的寓言.武汉:长江文艺出版社,2012:10.

随后由着一个死字去填满"①。史铁生面对无法再站立起来的残酷现实，走向了绝望，脾气变得极坏，情绪低落至极，"从发病到截瘫，史铁生自杀过三次，因电灯短路而活了下来"②。幸亏当时有众多同学好友的探望，以及友谊医院里热情的医生、护士们友好的帮助和鼓励。

回京探家的母亲每天心神不定地往返于医院和家中，一边担心儿子的病重而悲伤，一边因为下放云南工作而无法调回北京照顾这场家庭灾难而惴惴不安。在史铁生极度悲伤的人生时刻，最亲的家人往往无法进行正面的劝说和安慰。面对性格好强的他，父母只能默默地与他一起承受内心的痛苦，又强作平静地保护他的自尊。

就在这时，曾经一起插队的同学和好友，接连不断来到友谊医院探望史铁生，同龄人之间敞开心扉的内心倾诉，给沉浸于病难折磨中的史铁生带来暂时的、忘却痛苦的欢笑，留在乡间插队的同学从不间断写信，软硬兼施地劝慰和激励他

---

① 史铁生.我二十一岁那年[M]//史铁生.上帝的寓言.武汉：长江文艺出版社，2012：12.
② 刘珏欣.《南方人物周刊》：史铁生 最后的聚会[M]//林建法主编.永远的史铁生.北京：华夏出版社，2011：183.

勇敢地活下去。进京的同学更是频繁地来医院探望,在友谊的触动和关爱的激励之中,史铁生暂时打消了死亡的念头。

医院的大夫和护士更是对年轻却面临残疾的史铁生充满同情,大夫们深知残酷的病情可能会造就这个热爱读书的年轻人悲剧性的未来。虽然面对病情无能为力,但是在住院条件方面尽量照顾史铁生,让他可以安静地读书,能随心所欲地与前来探望的同学好友交心畅谈。友谊医院共有十二间病房,史铁生曾辗转于其中的十间,一方面可见他住院时间之长,另一方面也可见医院对他的照顾。考虑他的家庭实际情况和个人的病情,医院将他搬入窗口面向大街的加号病房,是为了让史铁生有足够的空间去接待来往的同学,又不影响其他的病人。史铁生在这里清静地读书,不时远望期盼着朋友们的到来。史铁生为人亲和并有才气,经常帮助医院的护士们绘刻医书,画写黑板报等,护士们总是在史铁生的母亲面前夸赞史铁生,又惋惜这位青年的命运。

史铁生特别谈到了医治他的医师王主任曾在病床前告诫面对墙壁的自己:"多看看书,人活一天就不要白活。将来你工作了,忙得一点时间都没有，你会后悔这段时光就让它这么白白地过去了。"① 虽然当时没能够打消史铁生轻生的消极想法，却让若干年后顽强活下来的史铁生受益终身。史铁生以后又几次住进了友谊医院，还是这里熟悉他病情的医生把他从死神手里强行地拉了回来。同学和好友更是如此，甚至有几次在史铁生的生死关头，为了不让他年迈父亲的担心，自主商议抢救史铁生的最佳办法，义无反顾地帮助他延续生命，使他能够继续活在世上。

此时的史铁生虽然忍受着病痛的折磨，却强烈地感受到同学厚重的友情和医生们的热情，就是这次住院，史铁生结识了刚从农村插队回京，在友谊医院做卫生员的柏晓利大夫。因有着共同的插队和"文革"终止学业的经历，他们时常聊下乡生活和朋友，史铁生给予这位热情工作的新卫生员积极的鼓励，而且用自己的身体让柏大夫练习肌肉注射。这段初识的经历成就了两个人四十年的友谊，她也被史铁生称为"私人保健医生"。

史铁生曾在他的文章中谈起友谊和关爱当时

---

① 史铁生.我二十一岁那年[M]//史铁生.上帝的寓言.武汉:长江文艺出版社,2012:12.

对于他的重要性,"二十一岁末尾,双腿彻底背叛了我,我没死,全靠着友谊"①。可以说,友情的关爱成为史铁生病重初期最重要的精神支柱,也是他一生最为宝贵的精神财富,虽然史铁生曾自嘲他"职业是生病,业余写一点东西"②,但是他的交友和为人也是非常令人敬佩的。史铁生生病几十年的家中,每到周末总是成为同学们欢聚的热闹之地,朋友们来这里看望他的病情之余,更多地获得了思想的碰撞和友情的交流,正是这些真挚友情的帮助和激励,让史铁生度过人生最为艰难的时刻,更为坚强地活着。

1973年5月,史铁生在友谊医院度过一年半后,终究没有把病治好,相反却瘫痪在床,由当初艰难地走进来,变成最后被朋友们抬出医院,从此便开始了他坐在轮椅上的度日生涯。史铁生在《史铁生小传》中曾坦然叙述病重初期这段在友谊医院一年半的治疗:"前半年还想站起来跑,后一年却想不如干脆躺下去死,然而医生护士煞

---

①史铁生.我二十一岁那年[M]//史铁生.上帝的寓言.武汉:长江文艺出版社,2012:13.

②史铁生.病隙碎笔(之一)[M]//史铁生.史铁生散文选集.天津:百花文艺出版社,2011:149.

费苦心百般拯救,各路朋友不离不弃爱护备至,自忖不当以死作答。"① 可以想象,史铁生在亲友的关爱中从友谊医院出院之时,低落的情绪已有所好转,回到家后面对各种生存困难和思想压力,史铁生需要有一个适应的过程。对于他的父母来说,同样需要克服灾难给整个家庭带来的伤痛和沉闷。

史铁生出院后,父母继续针对病情四处求医寻方,母亲则曾多次到政府部门,低声下气地恳求申办知青残疾的公费医疗和劳保,但两者都没有获得成功。据史铁生的同学孙立哲回忆:"父母求遍了各种神医庸医巫医怪医,每次用钱用礼物换来希望,唯使得随后的失望更深重。治病欠下单位和亲友们两千多元的饥荒,那时这可是个天文数字,父母不得不整天为稻粱谋,一家人穷困潦倒。"② 可见,父母并不想放弃儿子的病情,想尽所能救治史铁生,哪怕是带着一丝希望的幻

---

① 史铁生.史铁生小传[J]//.中学生阅读(高中版),2008,(2).
② 孙立哲.想念史铁生[M]//"写作之夜"丛书编委会主编.生命—民间记忆史铁生.北京:中国对外翻译出版有限公司,2012:31.

想。史铁生在《合欢树》中也这样写："医院已经明确表示，我的病目前没办法治。母亲的全副心思却还放在给我治病上，到处找大夫，打听偏方，花很多钱。她倒总能找来些稀奇古怪的药，让我吃，让我喝，或者是洗、敷、熏、灸……她说每一回都虔诚地抱着希望。然而对我的腿，有多少回希望就有多少回失望。"[1] 可见，史铁生的父母由于儿子病情所承受的痛苦并不比史铁生本人少，这种永不放弃的精神充分见证了病在儿身、痛在娘心的亲情。

史铁生的病让整个家庭陷入了困境。当时母亲被下放到云南，时常因回京照顾史铁生而被单位停发工资，加之史铁生病重住院沉重的医治费，给这个家庭带来了残酷的经济危机。史铁生出院后，父母也曾为他到劳动局申请解决工作问题，但最终都以失望而告终。残疾的史铁生在还没有摆脱病痛折磨的悲伤之时，又面对被残酷的社会现实排斥的尴尬处境，这让史铁生再次陷入了悲痛的困境，双腿瘫痪的他将如何在这社会上

---

[1] 史铁生.合欢树[M]//史铁生.上帝的寓言.武汉：长江文艺出版社,2012:5.

活着,给这个青年的心理蒙上黑暗的阴影。

史铁生在《秋天的怀念》中写道:"我的脾气变得暴怒无常。望着望着天上北归的雁阵,我会突然把面前的玻璃砸碎;听着听着李谷一甜美的歌声,我会猛地把手边的东西摔向四周的墙壁。母亲就悄悄地躲出去,在我看不见的地方偷偷地听着我的动静。"① 与史铁生一起插队的校友李子壮也谈道:"铁生父母对他的身体心存愧疚,对他的精神毫无办法。铁生变得喜怒无常,在前永康胡同40号,曾数次试图轻生。他的母亲和奶奶,都让我们劝劝他,一定要放弃自杀的念头,振作起来。"② 对于一个二十出头的青年小伙子来说,史铁生的轻生想法,从一定意义来说是可以理解的,原本正是风华正茂、憧憬未来的美好之时,却只能坐在轮椅上度过余生,这本身就是一个致命的打击。

史铁生曾谈过自己最大的爱好是田径,其次

---

① 史铁生.秋天的怀念[M]//史铁生.上帝的寓言.武汉:长江文艺出版社,2012:3.

② 李子壮.绝地自拔——记忆碎片[M]//"写作之夜"丛书编委会主编.生命—民间记忆史铁生.北京:中国对外翻译出版有限公司,2012:101.

是足球和文学,他在清华附中读书时期曾经常参加各类体育项目,运动场上曾经有过他那矫健的身姿,现实却这样残酷,且不谈运动,就是站立都不可能完成。由于身体残疾,根本不可能获得一份常人的工作,四处求职碰壁,加之那时正值"文化大革命"时期,整个社会的人们都在忙于搞革命,各级政府部门秩序混乱,根本无心顾及个人的悲伤。但对于史铁生这样的情况来说,如果能够申请到一份正式工作,也就是所谓的事业编制,那便会终生有所保障。因此史铁生的母亲不惜辛劳、一次次来到劳动局,满脸赔笑,跑前跑后地恳求那些打着官腔的负责人员,最后得到的结果是需要慢慢等待,等到何时并不知道,健全的知青都分配不了,更何况是双腿瘫痪的人。这对史铁生来说无疑更是雪上加霜,在这种长期压抑和痛苦的境遇中,人很可能会被消极的情绪冲昏头脑,沉浸于自怨自艾的悲痛氛围之中。

史铁生的母亲为了儿子的工作持之以恒地一趟趟奔赴劳动部门,但最终并没有解决问题。年轻气盛的史铁生不愿意母亲为了他,而屡屡向政府人员赔笑脸。他对于依靠政府部门申请工作彻底失望,但伟大的母爱促使母亲为了儿子能够在社会谋得一职，仍是偷偷地瞒着他，重新积累那点可能成功的希望，继续坚持为史铁生找工作。这一时期的史铁生时常独自摇着轮椅，无意地参观着胡同巷子深处的一座座小庙，庙坛的神圣和清静可能是史铁生对之向往的原因。

　　1974年的一天，史铁生像往常那样进了一条小胡同，碰见了一群正在用油漆涂抹着图画的老太太。史铁生在询问之后便加入其中，因为史铁生自小就对绘画充满兴趣，下乡插队期间也曾为老农家的箱柜绘图，这对于他来说是完全可以胜任的。从此，史铁生便找到了属于他的第一份工作，他每天摇着插队同学凑钱给他买的那辆手摇三轮式轮椅，进入北新桥街道的一家小工厂里做了画工。这份工作史铁生从1974年开始一直干到1981年，直到因为身体原因，病情转重，无法再持续坐着长期工作才无奈终止。这份工作虽然与史铁生的昔日梦想相差甚远，当与他同龄的插队同学各自奔赴于自己的理想，进大学读书，到军队当兵，回京转干，等等，而史铁生却为挣到饭钱，养活自己而干着年过半百的老太太都能胜任的工作，这对史铁生来说无疑是一种巨大的打击。但是现实就是这样残忍，如果史铁生坚持活着,那么他必须要面对社会现实,承担起属于他的世界。

史铁生在给好友柏晓利的信中说过,他当时在试图追寻生存的价值与人生的意义,"做什么工作在今天几乎完全不能凭着自己的爱好而定,但如何能在特定的条件下,使自己的能力尽量发挥,于人民有更大的好处便是我们今天生活的宗旨"[①]。史铁生就是抱着这种尽自己所能而发挥社会价值的心态,在街道小作坊里当了七年的画工,度过了他人生的低谷、最为煎熬的岁月,历经残疾后的悲痛、奶奶和母亲的先后离世、恋人的离去,而时常遭遇病情复发导致的身体痛苦。因此,这份工作可以让史铁生暂时远离痛苦,不仅充实了原本苦闷无望的生活,也让他迅速成长起来,为黑暗的生活增加了几分快乐。面对当时因身体残疾而四处碰壁的处境,获得这份工作后,史铁生的内心是充满感恩的,这份工作不仅减轻了家里为他看病带来的经济压力,而且缓解

---

① 柏晓利.友谊从二十一岁开始[M]//"写作之夜"丛书编委会主编.生命一民间记忆史铁生.北京:中国对外翻译出版有限公司,2012:195.

了他平日里的消极情绪。

史铁生工作的地方是一个北京胡同里的手工小作坊，三间低矮昏暗的平房里，有八九位老太太和几个身体略有残疾的小伙子，他们用灵巧的双手不停地在仿古家具上描绘着一幅幅山水仕女、花鸟鱼虫的图案。史铁生成为其中一员后，很快地融入群体，与生产组的大爷大妈们不停地忙着手中活，时不时地说笑着。由于史铁生在这里充分发挥了他画技的特长，给小工厂的效益带来了新力量，受到大妈们的爱戴和呵护。史铁生在这里还认识了与他同龄的几位年轻人，这些青年大多与史铁生有着同样的命运，因腿脚有些残疾而被放入到待业青年的行列，灵活的双手加之生存压力，迫使他们接受了这份工作。这群青年人在一起常常是一边哼唱着歌谣，一边不停地忙碌着双手劳动，不时畅谈着未来的美好，相互激励各自的梦想，枯燥的劳动生产变得活泼起来。在那个激情澎湃的年代，一群因身体残疾而心灵寂寞的青年在平淡的生活中力所能及地靠着自己的双手勇敢坚强地活着。

史铁生和伙伴们常常走出阴暗的生产组小屋，到临近柏林寺的庙墙外干活。他们一边劳动一边观望来往的各色人群,并时不时地讨论着路过的人们,漫长的时间在倾谈中轻松地度过。在日复一日、年复一年的熟悉中,从过往不同职业的人群深知每天又到了何时,在相互吹嘘,得知每个青年背后都有着不同的故事经历之中,他们建立了人与人之间最纯真的信任、同情和关爱。

史铁生在街道小工厂的生产组里,因同事周孝先而结识了好友李燕琨,有着李与周是中学同学的这层关系,史铁生与李燕琨有了相互认识的机会,李燕琨就是后来在《我与地坛》中写到的那位长跑运动员的原型。这位小伙子在"文革"动乱中因家庭出身不好(父亲是国民党军人),出言不慎受牵连而被关押若干年,认识史铁生的时候他才刚刚获得自由,年纪轻轻却有着特殊的经历,常常不被社会认可。因找不到工作而难以立足,这让他对自己的命运表现出更多的悲观,人生思考之中掺杂着自卑的消极情绪,史铁生对他总是加以热情的鼓励和帮助。

因为有着相似的人生困境,同为天涯沦落的两位青年,很快成为可以交心的好朋友。李燕琨热爱长跑,曾想通过这一特长来改变现状,但屡屡受到政治身份压制而无法受到认可,只好做了拉板车的工作,当时他对自己的人生窘态充满着困惑和迷茫。有一次,他练习完两万米的晨跑,疲惫之余想到自己可能无法参加长跑比赛,内心不安而失落地坐在了史铁生身边,沉寂片刻问了一句:"铁生,你看我将来会有出息吗?"[1] 史铁生立即停止了手中的劳作,把轮椅摇靠到好友近旁,斩钉截铁地说:"干吗将来呀,我看你现在就特有出息。"[2] 这句平淡却激励人心的话,温暖了这位有着长跑天赋,却无法施展技能的运动员的内心,让他时时以此来激励自己,加倍地努力奋进,试图改变自己的命运,争取到与他人平等的权利。

其实,史铁生当时的病重情况和心态也并不是很好,但他却以自己强大的内心给好友一个坚定的信念,让他不要彷徨和犹豫,支持他坚持追逐自己的理想。李燕琨时常来地坛公园找史铁

---

[1] 李燕琨.爱神之子[M]//"写作之夜"丛书编委会主编.生命—民间记忆史铁生.北京:中国对外翻译出版有限公司,2012:111.

[2] 李燕琨.爱神之子[M]//"写作之夜"丛书编委会主编.生命—民间记忆史铁生.北京:中国对外翻译出版有限公司,2012:111.

生，他们一个练习跑步，一个负责计时，闲暇之余无所不聊，相互倾诉内心的苦闷和遭受的不公。史铁生在《我与地坛》中写道："那些年我们俩常一起在这园子里待到天黑，开怀痛骂，骂完沉默着回家，分手时再互相叮嘱：先别去死，再试着活一活看。"① 李燕琨在纪念好友史铁生的文章中写道："铁生在那些年都给了我很多的帮助和鼓励……那些年每年正月初三，铁生摇着轮椅，从北新桥到东单，再从东单到天安门东标语塔，在寒风中，等待着，等待着我比赛归来……"② 史铁生对朋友总是加以鼓励，两个人在各自的人生困境与理想失落中相互安慰和鼓舞着，建立了深厚的友谊。

虽然这一时期的史铁生对自己的人生和未来充满许多的迷茫和未知，但是内心善良的他总是以自己的真诚和热心，去关怀那些同处困境中的伙伴。有一次，史铁生得知曾经与他在手工小作

---

① 史铁生.我与地坛[M]//林建法主编.永远的史铁生.北京:华夏出版社,2011:129.

② 李燕琨.爱神之子[M]//"写作之夜"丛书编委会主编.生命一民间记忆史铁生.北京:中国对外翻译出版有限公司,2012:109.

坊做工的伙伴，因工作时出现意外造成小腿骨折的消息后，摇着轮椅到工地找到当时正在干活的李燕琨，两个人买了一个月的奶票，让好友送到同事家。在那个物资匮乏的年代，人们过得都不富裕，国家实行计划经济体制，日常生活用品和消费品都需要凭借相应的票据购买，商品由国家集中供应，个人要到各点的供销社去购买，买粮有粮票，做衣服有布票等，如果没有相应的票，即使有钱也无法获得相应的商品。更何况史铁生当时的家庭情况并不好，他以自己微薄的收入给伙伴送上一份真挚的关爱，正如他的好友所说："在那些年的那些日子里，生活虽然都不富有，但我们彼此很关爱，互相惦记着关心着并希望、盼望着对方能有一个更好一点的变化和处境。"[1]在史铁生这段人生中最为困惑的时期，在与街道做临时工时结交那些好友相互关爱，充实了他的精神生活，给黑暗苦闷的日子带来一缕阳光，也深刻地告诉我们，无论人的生活如何坎坷，物质生活

---

[1] 李燕琨.爱神之子[M]//"写作之夜"丛书编委会主编.生命—民间记忆史铁生.北京：中国对外翻译出版有限公司，2012：111.

如何贫乏，人与人之间那份真挚的情谊，精神层面给予的温暖，才是最为让人感动和珍爱的。

史铁生找到这份工作后，不仅可以维持自己的生存，而且可以适当地缓解家庭压力，他的思想慢慢有所转变，情绪也渐渐稳定，开始寻求活着的途径和价值。他在当时给好友的信中写道："我现在没有后路可退，退等于死，只有努力学习，拼命向上，争取能为人民做出些有益的事情，从而使这也许是不长的后半生过得有意义。不过，我的努力也可能要得到一事无成的结果，但即使我的努力注定如此我也没有丝毫理由不去试试。'置之死地而后生'是有道理的。"[①]可见，痛苦和灾难让史铁生慢慢体悟了人生的意义，他不再像瘫痪初期那样时常抱有想放弃自我的念头，而是慢慢地适应社会，变得坚强起来。这一时期他读了好多书，开始自学英语，因为想将来从事翻译工作，但是那个年代外语并非像今天这样受到人们的重视和青睐，对于残疾的史铁生来

---

① 柏晓利.友谊从二十一岁开始[M]//"写作之夜"丛书编委会主编.生命—民间记忆史铁生.北京：中国对外翻译出版有限公司,2012:195.

说，学会了英语也根本没有人会找他做翻译，更没有继续发展的机会和应用价值。这期间他还尝试着给工艺美术厂画彩蛋，虽然小有成就，但史铁生对之并没有很大的兴趣，这时便开始产生了从事写作的念头。

母亲离世涂抹青春的黯淡与痛苦

母亲是史铁生成长过程中最重要的亲人，她的突然离世给史铁生留下了终生的愧疚和遗憾。史铁生的病重瘫痪，给父母带来了巨大的心理压力和精神压抑。加上那时的史铁生无法接受现实的病情，陷入生死困境，情绪不稳定，难免把心中的压抑和痛苦发泄到母亲身上，从而加重了父母的心理负担：一方面为无法挽救儿子的病情而愧疚不安，一方面因心疼儿子而承担着另一份痛苦，害怕儿子因残疾而想不开，担心儿子的情绪不定和未来的人生出路，虽然尽可能地满足儿子的心愿，希望他稍微快乐一点，却为无法满足而整日惴惴不安。史铁生在散文《秋天的怀念》《合欢树》《复杂的必要》《老家》《我与地坛》等篇章中多次写自己的母亲，谈到母亲的家世、年轻时的理想，以及他病重后母亲内心承受的双重痛苦折磨，更多次谈到母亲离世后他内心的痛苦，以及对于自己不当行为的愧疚，从而深刻地缅怀他伟大的母亲。

史铁生的母亲是一位伟大的母亲，是一位富有人格魅力的母亲。她出身于河北的一个大地主家庭，其父亲因做过国民党时期的大官在五十年代被枪毙。史铁生的母亲也因此受到牵连，背上了家庭成分不好的罪名，长期处于政治身份的压制中，很多理想和期望都在现实中破灭。史铁生的母亲是一位极其文静，饱含素养且懂得情趣的知识女性，史铁生曾谈道"母亲漂亮，且天性浪漫。"[1] 年轻时的母亲也曾有自己的梦想，读中学的时候，她的作文比较好，常常被老师在全班同学面前作为优秀的范例，当作范文朗读。

若干年后，当得知自己的儿子想从事写作，她说道："那就好好写吧。我年轻的时候也最喜欢文学，跟你现在差不多大的时候，我也想过搞写作……你小时候的作文不是得过第一?"[2] 母亲

---

[1] 史铁生.一个人形空白[M]//史铁生.记忆与印象.北京:北京出版社,2004:29.
[2] 史铁生.合欢树[M]//史铁生.上帝的寓言.武汉:长江文艺出版社,2012:5-6.

以自己的经历鼓励和告诫史铁生要在写作方面有所坚持，同时也是寄予厚望，她希望残疾的儿子能够通过写作有所作为，真正地找到人生的出路，也带有她年轻时自己的理想未完成的遗憾。自从她的父亲被处置之后，她的许多梦想只能成为永远的幻想，而且还要终日过着心惊胆战的日子，一是失去父亲的悲痛，二是恐惧着自己的家世被人揪出来，在那个政治身份至上的年代，家世被人知道的后果将会非常严重，正如史铁生写的："那声枪响之后她的很多梦想都随之消散了。然而那枪声却一直都不消散。"① 史铁生的母亲虽然出身名门望族，但是在当时中国那个特殊的年代，她的家庭成分成为她最大的污点，并因此失去上大学的机会，结婚生下史铁生后，为生存糊口读了一个会计速成学校，后来在林学院做会计。因此，对于史铁生学写作的事，母亲是百分之百地支持，她四处给儿子借书，顶着雨雪推着儿子去看电影。为开阔史铁生的眼界，母亲不惜买了一台黑白电视机，让儿子更多地认识和了解外面

---

① 史铁生. 一个人形空白[M]//史铁生. 记忆与印象. 北京：北京出版社，2004：29.

的世界。当史铁生的母亲想尽办法，极尽所能都无法治好儿子的腿疾，又在绝望中想寻找一丝光明时，她把希望寄托于史铁生学习写作的理想。

母亲对史铁生充满着大爱精神，她可以为儿子治病而东奔西走寻求神医秘方，可以不顾一切地赴汤蹈火，可以承担照顾儿子后半生的重担，但她无论如何也不能接受二十一岁的儿子就此失去了双腿，永远无法像常人那样站起来，这无疑是她心中痛苦的焦点。即便这样承受着苦难，她在史铁生面前仍然要顾及儿子低落消极的情绪。儿子内心压抑的痛苦就是她的心痛，她全力照顾儿子和家庭，无心顾及自己的身体健康。史铁生病重初期，母亲为给儿子治病想尽各种办法，在史铁生胯上被烫伤，医院的大夫告诉母亲后果的严重性后，母亲惊惶了好久，不断地反思自己一直都是很小心的，懊恼怎么造成适得其反的效果，还好在医生的治疗下史铁生的伤口好起来了。

母亲自此之后不再为治好儿子的病四处乱投医，而是安定下来为儿子另谋生存之路，得知史铁生想学习写小说后，暗自高兴，并加以鼓励和支持。在史铁生的同学和好友的眼中，他的母亲质朴和善，好客热情，略显年轻的脸上因为儿子的病而增加几分忧愁和善感,她总是叮嘱着同学们要好好劝慰史铁生,只有听到儿子的小屋内传来他与同学们的欢声笑语后,母亲的脸上才露出一丝欣慰。

史铁生在散文《我与地坛》中这样描述自己的母亲:"她不是那种光会疼爱儿子而不懂得理解儿子的母亲。她知道我心里的苦闷,知道不该阻止我出去走走,知道我要是老待在家里结果会更糟,但她又担心我一个人在那荒僻的园子里整天都想些什么。我那时脾气坏到极点,经常是发了疯一样地离开家,从那园子里回来又中了魔似的什么话都不说……有一回我摇车出了小院,想起一件什么事又返身回来,看见母亲仍站在原地,还是送我走时的姿势,望着我拐出小院去的那处墙角,对我的回来竟一时没有反应……只是在她猝然去世之后,我才有余暇设想,当我不在家里的那些漫长的时间,她是怎样心神不定坐卧难宁,兼着痛苦与惊恐与一个母亲最低限度的祈求。"[①]

---

① 史铁生.我与地坛[M]//林建法主编.永远的史铁生.北京:华夏出版社,2011:122.

这是史铁生在自责与愧疚,病痛来临备受打击后的任性让母亲承受着更多的为难。母亲深知倔强自尊的儿子不愿意她的陪伴,但又无法阻止内心的担忧,她害怕儿子会胡思乱想,甚至会走向极端,这对母亲会是更大的打击,她不断地自我安慰,内心不断地祈祷着儿子能够再次平安地归来。母亲对于瘫痪初期的史铁生总是小心翼翼,生怕伤害了儿子在父母面前那点可悲的尊严,深知儿子内心的痛,自己却无能为力,母亲只能默默地承受属于她的那份痛苦,从不向儿子苛求些什么,哪怕只是一点点来自情感上的安慰。

母亲能做的只有顺从着儿子的心情,照顾着灾难者的感受,送儿子外出,望着儿子摇车远去的背影,她心中思绪不断跳动,这次出去千万别想不开,一定要好好地按时回来。因此,当史铁生再次返回家后,看见母亲正是原姿原态在站着,一时没有反应过来,可以想象母亲肯定不只是一次这样,她已是若干次重复着这样的思绪,只是这次被儿子的突然返回撞到而已,可以感受到母亲已经沉浸于自己的思绪,或者是因为想得悲伤而麻木。

母亲等儿子外出后,她的思绪肯定萦绕着儿

子，他的人生、他的出路在哪里？难免心中又涌现忧愁。当等不到儿子按时归家，或者是按捺不住自己的遐想，母亲便会来到史铁生常去的地坛寻找他。可悲的是，母亲不想这样的关心为儿子脆弱苦闷的内心增添负担，担心会伤害儿子病残后敏感的情绪，母亲便偷偷地去寻找儿子，只要发现儿子安然无恙后，她就会安心地回去。倘若找不到儿子，她会惊慌地四处寻找，找遍偌大地坛里的每一个角落，急切又茫然地端着那副眼镜张望，内心那份焦急和担心可想而知，但发现儿子对视自己后，母亲又会一言不发地转身离开，从不责备儿子，更不会抱怨儿子的自私行为。这位母亲以强大的内心去理解和感受儿子内心的伤痛，但她的心里却承受着胜过儿子几倍的悲伤和忧愁。

　　史铁生在《我与地坛》中深深地缅怀母亲的同时，又对自己曾经的倔强和无知而自责着，他写到曾几次看到母亲远去的背影，并没有喊住她。有一次，他坐在低矮茂密的树丛中，看见母亲一个人在园子里找他，曾一次次走过了他常去的地方，甚至是路过他的身旁，他都没有喊住母亲，"我不知道她已经找了多久还要找多久，我不知道为什么我决意不喊她——但这绝不是小时候的捉迷藏，这也许是出于长大了的男孩子的倔强或羞涩？但这倔强只留给我痛悔，丝毫也没有骄傲。我真想告诫所有长大了的男孩子，千万不要跟母亲来这套倔强，羞涩就更不必，我已经懂了可我已经来不及了"①。显然，史铁生为自己曾经好强的自尊而悔恨，如今回忆这段往事的时候，他更多的是心疼着那时的母亲多少次找不到他四处询问的焦急，悔恨自己当时不懂事的倔强。

史铁生的母亲看到深爱的儿子遭受灾难的折磨，自己却无能为力，只能加倍地尊重年轻人那份倔强的尊严，试图理解他的内心，期盼着儿子能够在绝境中找到自己的出路。对于史铁生来说，年轻的他被噩运击倒，沉浸在疾病的伤痛中，根本无心顾及父母内心承受的压力和悲伤，甚至是在父母面前表现出过分的言行。直到若干年后，最亲的人突然离他而去，他才感到自己当时对于母亲有着多少的不应该，在自我谴责中流露出对母亲的深爱，但为时已晚，他只能借助文学来表达自己对母亲无数次的思念，母亲为他承

---

①史铁生.我与地坛[M]//林建法主编.永远的史铁生.北京:华夏出版社,2011:124.

受着太多苦难的大爱精神。史铁生以此来告诫我们，无论你身处怎样的困境，永远不能忽略最为亲近的人的感受，尽可能地暂时忘却自我的伤痛，而加倍地珍爱他们，否则难免留有遗憾。

母亲在史铁生病重期间时常生活于纠结与无奈之中。史铁生初次病重期间，正值"文革"时期，父母都被下放到云南丽江的林学院工作。起初父母轮流返京照顾史铁生，后来得知儿子病情恶化，史铁生的父亲为了能够调回北京照顾家庭，放弃了林业部的干部职位，甘于到林学院的留守处做一名普通的小职员。而史铁生的母亲却无法调回北京，照顾灾难从天而降的家庭，她常常因过度担心儿子的病情备感焦虑和煎熬。母亲只能在回京探亲时看望和照顾儿子，但假期很快结束，她不得不返回云南，如果不按期返回上班，会被单位强行停发工资，这无疑更加让母亲着急。一边是病重的儿子躺在医院接受治疗，需要巨额的医疗费用，一边却是自己无法留在儿子身边照顾，加之工资被扣，家庭收入减少一半，更是加重了家庭的经济压力。因此，母亲不得不按时返回云南工作，但是身在异乡，心里牵挂着病重的儿子，有苦难言，只能默默地压抑着内心的痛苦。

史铁生的妹妹史岚回忆道:"我后来听妈妈的同事金姨和刘叔叔说,那时候妈妈一个人在那么远的地方,心里着急又没有办法,经常一个人哭。有时候她不见了,他们就漫山遍野地找,最后总能在某处草丛中或老树下听见她号啕的声音。"① 据史铁生的生前挚友孙立哲九十二岁的母亲在《铁生的母亲:伟大的母亲伟大的母爱》一文中回忆:"铁生妈妈在撕肝裂肺的日子中度过,这颗心只有母亲才能体会啊!只要不是在睡(梦)中,便是时时刻刻都在她内心中搅痛。而为了不给儿子觉察到,增加他的无奈,她又是平和地把眼下的一切痛苦埋在心里头,独自忍受。工资微薄,那日子真是穷愁潦倒,看不到一线光……她肝病在外地,不能回京,请假调动不准,常独自一个人上背后山上去哭……眼泪和哭声发泄倾吐一丝她内心里再无法承受下去的(字迹不清)。"② 从这位老母亲

---

① 史岚.我和哥哥[M]//"写作之夜"丛书编委会主编.生命—民间记忆史铁生.北京:中国对外翻译出版有限公司,2012:168.

② 孙立哲.想念史铁生[M]//"写作之夜"丛书编委会主编.生命—民间记忆史铁生.北京:中国对外翻译出版有限公司,2012:31—32.

对当时的真实情况的描述中,我们可以体会到史铁生的母亲,因为儿子的病痛无望,曾承受着怎样的伤痛和内心压抑。

1975年,史铁生的奶奶去世,母亲不得不从云南赶回家中料理家事。面对家里的困境,史铁生的母亲向单位申请回京工作,以便照顾这个即将被灾难击碎的家庭,但她所在的单位归军队的宣传部管辖,一直不同意把她调回北京,甚至一度停发了母亲的工资,这无疑是给这个苦难的家庭雪上加霜。父亲微薄的工资难以支付儿子的医药费用,为了给史铁生治病,父母借遍了所有的亲戚朋友和单位同事,由于长期的生活重担和内心苦难的积压,母亲长时期地心情忧郁。那时的生活条件比较艰苦,史铁生的母亲患有乙型肝炎,面对家庭现状,她对家人隐瞒了自己的病情,把所有心思都用在照顾史铁生的病与家庭,因长期营养不良、饮食不当导致病情严重恶化为肝硬化并发食管和胃底静脉曲张,最终因大出血而死去。可以想象,史铁生的母亲当时以怎样的耐力去忍受病痛的折磨。

史铁生在《秋天的怀念》中写道,母亲悄悄地躲起来听房内的儿子发脾气的动静,待到一切平静之后,她红着眼睛走近史铁生,并强撑笑脸约儿子一起去北海赏菊,但他却任性地伤害着自己,更伤害着母亲,轻率地说不想活了,而母亲强忍着哭声,央求儿子和她一起要好好地活着。那时的史铁生殊不知母亲的病已经非常严重,后来妹妹告诉史铁生,母亲那时常常肝病疼痛得整夜睡不着觉。史铁生的母亲深知自己的病情加重,但是她真的没有精力顾及自己的身体,就这样拖延病情,加之长期沉重的情绪压抑和生活条件的艰苦,直到有一天坚持不住而倒下。孙立哲的母亲曾在史铁生的母亲病逝前去探望,回忆当时的情况:"疾病、忧郁的日日夜夜(少字)伴随不去的(少字),和无法治疗中,使她不知不觉中肝已经硬化,她顾不上她自己。经济极为困难,在吃棒子(玉米面)贴饼子的午饭,肝硬化胃大出血,急救医院做手术麻醉中没再醒过来。"①

1977年春天的一个下午,史铁生的母亲因肝硬化大出血而被送到医院住进了重症病房,准备

---

①孙立哲.想念史铁生[M]//"写作之夜"丛书编委会主编.生命—民间记忆史铁生.北京:中国对外翻译出版有限公司,2012:32.

做手术前她还不断地叮嘱女儿史岚一定要照顾好哥哥,不要害怕,她做个手术就会好起来。可母亲手术后持续处于昏迷状态,在痛苦的呻吟和煎熬中,终于在昏迷一周后撒手而去。史铁生被好友李燕琨背进医院去见了母亲最后一面,她正在艰苦地呼吸着,痛苦地与死神抗争。史铁生的母亲昏迷前留下的最后一句话是:"我那个有病的儿子和我那个未成年的女儿……"① 病重的儿子和年幼的女儿是母亲生前未完成的使命,也是她最大的牵挂,但是病情的恶化让她难以承受,最终带着遗憾离开了人世,享年四十九岁。

史铁生的母亲一生历经多种坎坷,青年时期因为父亲的政治背景原因而遭受命运不公的待遇,整日生活于痛失亲人的压抑之中。人到中年,又因病患残疾的儿子而终日操心费神,不断地对治愈好儿子的瘫痪抱有幻想,一次次在失望中走向绝望,后半生饱受痛苦的打击和煎熬,最后病情恶化无力挽回生命,结束了坎坷多舛的一生。更令人感到可悲的是,这位母亲去世后连可

---

① 史铁生.秋天的怀念[M]//史铁生.上帝的寓言.武汉:长江文艺出版社,2012:4.

供儿女去缅怀她的一座坟墓都没有留下,因为那个特殊年代的政策因素,北京的平民百姓是不可能留有一座坟的,要求火化后深葬,没有留下任何痕迹。当时,史铁生的家境也难以为母亲像今天的人们一样花重金在城市买一小块墓地。

母亲去世十年后的清明节,史铁生和父亲、妹妹在隐藏和缓解着伤痛后决定一起去看看母亲的坟。父亲四处寻找当年他送妻子下葬时牢记的标志,但是早已被几间新房所覆盖,永远找不到母亲深埋地下的一丝痕迹,曾经焕发活力的生命就这样被现实世界彻底删除,这对于她的亲人来说是多么残酷和难以接受。

史铁生母亲的突然离世给整个家庭带来巨大的打击和痛苦。首先是父亲,他在承受丧妻之痛后,必须强撑着这个灾难多次降临的家庭,继续照顾病重的儿子和年幼的女儿,原本就不善言辞的他进而变得更加沉默,以他那特有的方式支撑着整个家。其次是十四岁的女儿史岚,母亲的离世和哥哥的瘫痪,让这个女孩承受着不应属于她那个年龄应该承担的痛苦,无助害怕又无奈恐慌,她在《我和哥哥》一文中谈到母亲去世后,她和父亲、哥哥一家人的生活状态,"我居然没有哭，我不知道怎么办，哭不出来，整个人都傻了。隐约觉得这个家这回真是天塌了。送走妈妈之后好久，我不知道脑子里想的是什么，只是机械地做着该做的事。如果能够就这样慢慢忘记痛苦该多好！可是我没料到痛苦会慢慢地又是这么强烈地向我们三人压过来，让我们好几年都缓不过气来……我们就这样一天天地过着看似平静的日子，但我知道，我们的心里都忍受着巨大的痛苦，对妈妈越来越强烈的思念，就像是一股巨大的力量，把我们的心撕扯得支离破碎"[1]。这一家人在痛失亲人后各自痛苦着，却又相互掩盖着内心的悲伤，这一切都让这个十四岁的女孩变得更加懂事和敏感，她照顾残疾行动不便的哥哥，帮助父亲做些家务。

母亲的离世遭受打击更大的是史铁生，从他双腿残疾后，相对不善言辞的父亲，细心的母亲与他的沟通和交流比较多。母亲生前一直都为他的病而操劳，多少个日日夜夜因为儿子的病而辗

---

[1] 史岚.我和哥哥[M]//"写作之夜"丛书编委会主编.生命—民间记忆史铁生.北京：中国对外翻译出版有限公司，2012：171.

转难眠，史铁生在地坛公园总能看到母亲去寻找他的身影，而今母亲却无法陪伴他。那时的史铁生正处于前途迷茫的人生困惑时期，母亲的突然离世无疑使他原本阴暗的人生雪上加霜。

据史铁生的生前好友徐晓回忆："那篇每每使我泪下的散文《秋天的怀念》，没有写在妈妈病危的日子里，他怎样摇着车到药店和一个又一个熟人的家里去寻找可能使人起死回生的'牛黄安宫丸'。"① 这样的想法和情节，就如同母亲当初想尽一切办法来拯救他的腿那样，现在变成由儿子想方设法地想留住母亲，在生的绝望面前，母子俩都以同样的心情迫切地去挽回对方的生命。可以想象，史铁生当时是多么希望他的努力，能把母亲从病魔手中夺回来，但是所有的灾难都是不讲究人情的，母亲离世的痛苦只能让活着的人默默承受，正如人们常言的，"死去的人终归死去，活着的人终归还得活着"。只要现实的生活没有消失，只要人还在活着，他就得迈出

---

①徐晓.我的朋友史铁生[M]//"写作之夜"丛书编委会主编.生命—民间记忆史铁生.北京:中国对外翻译出版有限公司,2012:118.

向前走的步伐。

史铁生曾谈到母亲的离世给家人带来的悲痛："巨大的灾难让我们在十年中都不敢提起她，甚至把墙上她的照片也收起来，总看着她和总让她看着我们，都受不了。才知道越大的悲痛越是无言：没有一句关于她的话是恰当的，没有一个关于她的字不是恐怖的。"[1] 当然，收起照片只能是让家人不会触景生情，而心里痛苦的阴影却挥之不去，家人之间只能以相互沉默来掩饰各自内心的痛苦，默默地想念离去的亲人，却无法诉说，以免勾起家人的伤痛。

若干年后，史铁生在文学写作方面开辟出一条出路，当他写的小说第一次获奖后，他是多么想第一个告诉母亲，让她知道她那残疾的儿子不仅坚强地活着，而且还找到了活着的人生价值，然而母亲再也无法分享儿子经过艰辛努力后获得成功的喜悦。史铁生又一次次来地坛公园，怀念着母亲曾与他相伴的时光，无数次地质问着为什么上帝不让母亲再多活两年，能够亲眼看到儿子

---

[1] 史铁生.复杂的必要[M]//史铁生.上帝的寓言.武汉：长江文艺出版社,2012:189.

找到人生的出路，那样她就不会再充满着忧愁和牵挂，或许是上帝深知这位母亲内心承受太多的苦，见她已经熬不住痛苦的折磨，无奈地让她归去。母亲在平凡和艰苦中结束了一生，她并没给史铁生留下什么重要的物质财富，但她把做人的精神和克服困难的毅力无形地传递给了残疾的儿子。

史铁生在《我与地坛》中说："母亲生前没给我留下过什么隽永的哲言，或要我恪守的教诲，只是在她去世之后，她艰难的命运，坚忍的意志和毫不张扬的爱，随光阴流转，在我的印象中愈加鲜明深刻。"[①] 这是母亲留给史铁生最大的一笔精神财富，在一次次病魔来临的生死关头，无时无刻不激励着他战胜死神坚强地活着，在他短暂和痛苦的生命历程中，他以独特的方式谱写着鼓舞人心的篇章，充分地发挥着他的人生价值。史铁生的成功离不开母亲高尚品格的精神传递，更离不开那段困境时期母爱的宽容和默默的支持。

---

①史铁生.我与地坛[M]//林建法主编.永远的史铁生.北京:华夏出版社,2011:125.

史铁生后来写了一篇散文《合欢树》来纪念他的母亲，怀念与母亲相知相伴的往事，写到母亲曾经在住过的小院里种下那棵合欢树，这是母亲在去劳动局为他申请工作的路上挖回的一棵小草。原本以为是"含羞草"，几近枯死，母亲几次舍不得扔掉，后来生根发芽长成一棵树，母亲高兴万分，以为这是个好兆头，加倍地爱护和侍弄这棵小树。这其中包含着母亲当时对儿子情况好转的一些期望和寄托。数年过后，当史铁生再次来到他与母亲曾经住过的地方，几次因为无法忘却母亲离世的伤痛而没有勇气走进那个小院，再去看那棵已经长成满树挂花的大树。史铁生亲眼见到，母亲留给世上的那棵她亲手种下的合欢树，如今却给他人带来了希望和欢笑。也许母亲当年就曾想过，如果有一天自己不在这个世界上，这棵旺盛的大树可能会给瘫痪在轮椅上的儿子消解时光，当儿子仰头望着满树花朵，沉闷的心情也许会有所好转，会因这棵树而想到她，会鼓励自己坚持不懈地走好剩下的人生。史铁生坦言自己曾后悔没有再去看看那棵树，但是树的样子和母亲的面容却永远刻在他的心中，时时激励着他不断突破生死界线，顽强地活着并坚持写作。

1978年秋天,史铁生有幸把家从前永康胡同40号搬到雍和宫大街26号,住进了两间面积稍大的平房,这是他大约费尽两年的时间,奔走于知青办、民政局、房管局等部门落实好政策后,获得的伤残补贴和住房照顾。史铁生一边继续在街道工厂做工,一边坚持他的写作。1980年,也就是史铁生29岁那年,他生了一次重病,史铁生自述那时的病状:"高烧不退,整天昏睡、呕吐,差不多三个月不敢闻饭味,光用血管去喝葡萄糖,血压也不安定,……大夫们一度担心我活不过那年冬天了——肾,好像是接近完蛋的模样,治疗手段又像是接近于无了。"① 由于史铁生下肢瘫痪后,只能长期坐在轮椅上,下肢麻痹和泌尿系统感染,出现氮质血症状,极可能会转化为尿毒症。由于当时国内的医疗技术和设备跟不上,史铁生肾功能损坏,出现肾盂积水,不得不做了造瘘排尿,加之肌肉萎缩导致的血液循环受阻,前景不容乐观。这次多亏了同学孙立哲和好友柏

---

①史铁生.我二十一岁那年[M]//史铁生.上帝的寓言.武汉:长江文艺出版社,2012:14.

晓利大夫的齐心救助，才得活命。当时正值国庆节期间，医院空留急诊床位应急，而史铁生的病情不属于神经科的范围，柏大夫竭尽全力地帮助史铁生申请到住院的床位，面对史铁生当时的情况，同学孙立哲与医院的大夫相互进行了分工："死的事由我那同学和柏大夫管，等我死了由他们去向我父亲解释；活着的我由唐大夫管。唐大夫说：'好，我以教学的理由留他在这儿，他活一天就还要想一天办法。'"① 就这样，史铁生又被他们救活了过来。

史铁生在他的文章中多次提到，友谊医院的几位大夫和护士，在生死关头，真正像救助自己的亲人那样守护着史铁生，这在当今社会是很难得的。九年后，当史铁生再次住进友谊医院时，所有认识史铁生的老大夫和护士都来病房看史铁生，唯有那位曾经多次救他的唐大夫没出现，因为她已经不在人世了，都说是为工作认真而劳累死的，史铁生摇着轮椅给唐大夫送去了花圈。正是由于同学好友和这些热心医护人员的帮助，史

---

① 史铁生.我二十一岁那年[M]//史铁生.上帝的寓言.武汉：长江文艺出版社，2012：14.

铁生第二次从死神手里逃脱。这次突患急性肾衰竭后,好友柏晓利曾预言史铁生最多可能活十年,当然这还是根据病情而扩大了预示的倍数,由此可见,史铁生克服病痛的毅力与活着的艰难。

史铁生二十一岁之后的青春是充满黑暗的,先是经受腿病瘫痪的打击,后又沉浸于母亲突然离世的悲伤中,那时的他曾在同学面前直视着窗外狠劲地说:"我看还有什么灾难来!"① 可见,史铁生内心最为脆弱的部分已经完全被噩运所击碎,他已不再害怕,那时的他身处人生最低谷和最后的痛苦底线,纵然有再大的浪他也不会害怕,相反却会迎浪而去。史铁生是这样想的,也是这样行动的,一是他专心学习写作,另一是他追求和对待爱情有自己的态度。

史铁生黑暗的青春中曾有着一段鲜为人知的美好初恋,虽然最终以失败而告终,但给深陷绝望中的史铁生带来生的希望。陪伴史铁生成长的

---

① 刘愉.同桌[M]//"写作之夜"丛书编委会主编.生命—民间记忆史铁生.北京:中国对外翻译出版有限公司,2012:210.

重要人物除了他的母亲，另一个是他的初恋H姑娘。史铁生的生前好友多次提到她都以H来代称。青年史铁生面临的另一个人生打击是恋人的离去，他的这段初恋在美好中开始，却在黑暗中结束。爱情来临的时候史铁生的双腿已经残疾，但是正值青春年华的他对爱情充满着渴望和憧憬。

史铁生在散文《我二十一岁那年》中谈道："我一时忘记了死，还因为什么？还因为爱情的影子在隐约地晃动。那影子将长久地在我心里晃动，给未来的日子带来幸福也带来痛苦，尤其带来激情，把一个绝望的生命引领出死谷。无论是幸福还是痛苦，都会成为永远的珍藏和神圣的纪念。"[1] 可见，这段恋爱对于当时的史铁生来说，是多么大的精神安慰，二十出头的小伙子正是对爱情充满美好的憧憬和向往的时候，加上刚刚饱受着疾病的困扰，他更加对来临的爱情充满着期待和渴望。H姑娘恰巧出现，给那时的史铁生带来了活下去的动力和幻想未来的希望。

据史铁生的生前好友李子壮回忆，H是由别人

---

[1] 史铁生.我二十一岁那年[M]//史铁生.上帝的寓言.武汉:长江文艺出版社,2012:13—14.

介绍认识的,"H是一个非常单纯善良的女孩……铁生和H相知相恋的时候,脾气变好了许多,尤其是H在场的时候,他会笑得灿烂又随和……那几年,世界上两个最疼爱铁生付出最多的女性(奶奶和母亲)相继离世,如果没有H,铁生很可能会垮(疯)掉"①。好友李燕琨说H是他的小学同学,"他曾记得在史铁生前永康40号的家中几次见到H姑娘总是面带笑容而来,低头离去。地坛也有H傍晚寻找铁生飘飘的长裙和渴望的目光。上帝看到了并没有干扰。或许为上帝的纵容,铁生忘掉了伤残……"② 史铁生与H姑娘曾经的欢笑充满了整个地坛公园,那时的他们也曾想像正常情侣那样,相互等待和期盼着对方的到来,也曾魂不守舍地思念着对方,史铁生更以此时时激励着自己努力实现理想,不让心爱的姑娘失望。可以说H姑娘的出现充实了史铁生的精神世界,让他暂时能够以与正常

---

①李子壮.绝地自拔——记忆碎片[M]//"写作之夜"丛书编委会主编.生命—民间记忆史铁生.北京:中国对外翻译出版有限公司,2012:103-104.

②李燕琨.爱神之子[M]//"写作之夜"丛书编委会主编.生命—民间记忆史铁生.北京:中国对外翻译出版有限公司,2012:114.

人平等的地位去寻找自己的爱情。因此史铁生更加努力地去实现写作的理想，期望这段爱情得到一个好的结果。那时的史铁生是幸福的，是浪漫的，是恋人让他暂时忘记了残疾的痛苦，缓解了母亲突然离世的悲伤，一切痛苦在这个可爱的姑娘面前消失了很多，他也曾幻想着自己将来可能会是一个好丈夫，一个好父亲，但美好的梦想在残酷的现实面前总是无力的。

史铁生也曾坚定地追寻过这段恋情，坚强努力地与外来的阻力进行抗争，但最终因为他现实的家境与自身的情况，残疾和自卑，加之女方父母的强烈反对，恋人的软弱等因素，他只能在难舍中放弃了这段纯真的爱情。史铁生后来谈到这段恋情："那时候总觉着自己的一片真情是对他人的坑害，坑害一个倒也罢了，但那光景就像女士们的长袜跳丝，经经纬纬互相牵连，一坑就是一大片，这是关键：'不能'写满了四周！这便是残疾最根本的困苦。"① 可见，双腿残疾是导致爱情失败的关键因素，女孩的父母和社会的舆论不可能认可这个摇着

---

① 史铁生.病隙碎笔(之二)[M]//史铁生.对话练习.长春：时代文艺出版社,2000:313.

轮椅的瘫痪男孩身边站着一个健康的女孩。但是，这个倔强的男孩不再犹豫，以自己的方式去追寻着与他人平等的权利，爱与被爱，努力与奋斗，即便是结局可能会让史铁生失望和痛苦，他也不会因为不敢尝试而气馁。

史铁生在《老屋小记》中写道："那个二十三岁，两腿残废的男人，正在恋爱。他爱上了一个健康、漂亮又善良的姑娘……残疾已经无法更改，他相信他不应该爱上她，但是却爱上了，不可抗拒，也无法逃避，就像头上的天空和脚下的土地。……正是这爱情的到来，让他想活下去，想走进很大的那个世界去活上一百年……那时他想，必须努力去做些事，那样，或许有一天就能配得上她……我有爱情……我很怕去看这爱情的未来。"[1] 可见，史铁生一边不懈地尝试通过自身的努力来争取这段爱情，另一边却因为现实的压力让他知道爱情很可能是无言的结局。史铁生的生前插队好友李子壮回忆："虽然觉得铁生和H结合的可能性极其渺茫，但还是表示坚决支持。

---

[1] 史铁生.老屋小记[M]//史铁生.记忆与印象.北京：北京出版社,2004:197-200.

并且不分场合地对反对者进行了'谴责'。也许我的语言'道德过激',铁良(张铁良,史铁生好友)的母亲便冷冷地给了我一句:'我要是 H 的母亲,我也舍不得!'"① 可见,无论在何种年代,门当户对总是人们权衡爱情的标准,社会的现实往往让人充满无奈,却只能不甘心地放弃。

  史铁生在《没有太阳的角落》《山顶上的传说》《比如摇滚与写作》等作品涉及和隐含了他与恋人 H 之间的爱情历程。爱情来临时的美好让青年做着不懈的努力,当强烈的自尊受到打击时,他徘徊又踌躇,只能任由恋人远去他乡,而少女承受着父母施加压制的无奈和胆怯。两人承担着各自不同的责任和命运,最终只能天各一方,用漫长的时间来消解各自的伤痛。《没有太阳的角落》中写三个残疾青年对一位年轻姑娘王雪的爱慕,各自把那种真挚的情感埋藏于心,小心翼翼地保护这个女孩。三位青年由于自身不足,觉得配不上这个纯真可爱的女孩,他们能做

---

  ①李子壮.绝地自拔——记忆碎片[M]//"写作之夜"丛书编委会主编.生命—民间记忆史铁生.北京:中国对外翻译出版有限公司,2012:104.

的只是默默守护着内心的真情,希望女孩能够真正过得幸福。通篇都表现出三位青年人对于那种可遇不可求的爱情充满着无奈,幻想着能够获得女孩的爱情,却没有勇气去追求,因为深知自己不可能给予女孩更好的生活,只能守住内心,让女孩去寻找可以给她幸福的条件优越者。

小说《山顶上的传说》《比如摇滚与写作》中几次写到一位身患残疾的青年人,在一个春天即将来临的周末,好不容易鼓足了勇气,超越世俗和胆怯去看望他日夜思念的姑娘。青年摇着轮椅穿过一条条残冬融雪滞留的街道,一路上感受着早春气息的来临,望着那一双双擦肩而过的眼睛,草率的勇敢和鲁莽的决定,让他的心情紧张中饱含着喜悦,不安中蕴藏着期待,以至于他无心顾及路边的风景,解冻的河流,摇荡的春花与他此时的心情相对应,脑海里曾幻想与恋人相见将是怎样的一幕,是惊喜还是平淡?然而,当青年穿过嘈杂的闹区来到一处安静的居民楼的深处,残疾让他行动不便,更让他无法像正常人一样去礼貌地敲门,他期待有人能帮助他,最终无人回应,他只好在楼下喊她,为此惊动安静的房间。当恋人出现在青年面前时,不是喜悦而是惊慌，心神不定和频频四顾中与他结束了简短的对话，恋人无法正常地邀请他进门做客，因为她的父母都在家中。敏感的青年立刻领会了恋人不能言说的难处，随便找了个借口匆匆告辞，并且委婉地拒绝了姑娘的送别，因为此时青年的内心感知自己是一个不被这个家庭欢迎的访者。从窗户里透视过来的严肃警惕又充满敌意的眼神，让青年立刻明白了今天见到的恋人为何是这样的惊恐不安，来临前一切的心情和幻想都被忧伤所替代。这不仅伤了他的自尊，更深刻地让他认识到了自己的缺陷，哪位父母会让自己健康漂亮的女儿爱上一个坐在轮椅上的残疾者？他的自信和努力被摆在面前的现实差距一一击碎，留给青年仅有的安慰是，用这次受到的伤痛来证明女孩也是爱他的，否则她的家人不会如此谨慎。但是，青年仍然没有灰心，他试图在自己热爱的写作中闯出一片天地，那时他曾幻想以此向姑娘的家人证明他有着正常人的能力。姑娘最终还是在父母施加的压力面前胆怯，远走他乡，他曾憎恨那些歧视和偏见，敌视那些反对者，也曾抱怨姑娘的软弱。但是青年很快又推翻自己的想法，他无法去憎恨别人，每个人都有自己坚守的原则和道理，更何况姑娘的处境并没比他好多少,一边是他,一边是父母,两边她都不想放弃,但最终还是要有舍弃的。青年只能在思念和自我宽慰中让时间来消除伤痛。

虽然是以小说的故事形式写出来,但其中不免有着史铁生当年与H姑娘恋情的影子,一些动情的抒情,难免不是史铁生当时的处境和内心情感的表达。不难想象史铁生当时坚持追求爱情的勇敢,以及为之不懈的努力,爱情给予他活着的动力,激发他更加积极地寻求人生的价值和活着的意义。

史铁生这段恋情,最终因为女方家的强烈反对而告终。女方有着海外富商家庭雄厚的背景,她的父母非常反对两人恋爱,甚至一度把她关在家里禁止外出,强迫女儿写绝交书断绝与史铁生来往。据好友孙立哲回忆,史铁生曾去H姑娘家去找她,一个在楼下,一个在楼上,两人绝望于隔着窗户含情脉脉地对视,却又不能相见。那段时期,史铁生每天都期盼着能够收到恋人的来信,那天收到来信后,他激动地打开信,但看完信后,他沉默了,表情的反常让好友不知所措。史铁生看完恋人的绝交书信后,内心受到极大的打击,犹如晴天霹雳,他把书桌的陶瓷笔筒猛力摔在地上,手臂用力重捶在玻璃桌面上,玻璃碎了一地,鲜血直流。当时坐在一旁的好友被这突如其来的爆发震惊了,又不知所措,不敢出声,只听史铁生接着发出一声极其强烈的嘶吼,犹如愤怒的困兽一般,空气瞬间凝固了,好友深刻地感受到他心痛的颤抖,却无能为力。好多年过去了,孙立哲对史铁生那声嘶力竭的吼叫仍然记忆犹新,可见这次恋爱的失败给史铁生的打击和伤痛,绝不逊于母亲的离世和残疾的病痛。

史铁生二十一岁到三十岁左右的这段青春岁月,母亲和恋人的陪伴让他不断地成长,帮他度过了初病时期最为艰难的岁月。史铁生在散文《故乡的胡同》中写道:"母亲对未来的祈祷,可能比我对未来的希望还要多,她在我们住的院子里种下一棵合欢树。那时我开始写作,开始恋爱,爱情使我的心魂从轮椅里站起来。可是合欢树长大了,母亲却永远离开了我,几年后我的恋人也远去他乡,但那时她们已经把我培育得可以让人放心了。"[①] 当史铁生能够坦然地回顾这些往

---

① 史铁生.故乡的胡同[M]//史铁生.上帝的寓言.武汉:长江文艺出版社,2012:211.

事和故人之时,他已经在曾经的痛苦和悲伤中逐渐成长,变得更加坚强,在经历风风雨雨后变得更为平和宽容地感知这个世界。

在人生失落中走向文学写作

1981年,史铁生患了严重的肾病后,无法久坐,便辞去街道小工厂的临时工作,回家进行疗养,此后便开始从事文学写作。史铁生产生写作念头的萌芽是他病重初期在友谊医院住院的那段时间,大夫护士们看到他喜欢看书,特地为他安排一间由楼梯间改造的单间病房。虽然条件不是很好,但史铁生拥有了清静的读书环境。那段时间里,史铁生每天上午坐在窗前读书,学习外语,下午与来看望的同学好友进行热烈的问题讨论,朋友们为他带来了许多书籍和外面的消息,使他的心境久久不能平静,暂时忘记病残的伤痛,开始进入自己的思考,正如他自述:"晚上朋友们走了,在小台灯幽寂而又喧嚣的光线里,我开始想写点什么,那便是我创作欲望最初的萌生。"① 面对下肢瘫痪的现实,1973年出院回家恢

---

① 史铁生.我二十一岁那年[M]//史铁生.上帝的寓言.武汉:长江文艺出版社,2012:14.

复日常生活后,史铁生曾想通过学习英语来改变自身的现状,但因没有找到适合他的机会,便把努力的目标转向写小说,那时他一边做街道的临时工,一边利用业余时间学习文学创作。

任何一个人的成功都离不开他人的帮助和指引,都或多或少地需要从他人那里汲取经验和鼓舞,正如一首歌的歌词中所讲的那样:没有人可以随随便便成功。史铁生在文学道路上能够取得成功也离不开他学习写作的启蒙者——柳青,这是一位曾在二十世纪三四十年代的中国,备受文坛瞩目的作家,后来因为政治原因而失去写作的权利,并有幸结识了柳青的母亲梅娘。史铁生是在同学刘瑞虎的介绍下认识柳青和孙姨(梅娘)的,刘瑞虎的母亲与柳青的母亲自幼便是好友,又是邻居,两家关系极为亲密。在那个政治动荡的年代,每个人都有可能遭受不可预测的灾难。这两家人总是在彼此困难的时候,向对方伸出援助之手,无论是物质上的给予还是精神上的鼓励和安慰,都是来之不易的。柳青和刘瑞虎的关系如同姐弟一般,就这样,刘瑞虎把柳青带进了史铁生前永康胡同的家,他们一起开怀畅聊,从此之后便熟悉了。柳青在年龄上要比史铁生大七八岁，她那时已经在长春电影制片厂当导演，她在聊天中问史铁生："你为什么不写点儿什么呢？我看你是有能力写点儿什么的。"[①] 柳青对于史铁生和好友们所谈的知青生活非常感兴趣，她便开始鼓励史铁生把插队生活中的故事写成电影文学剧本。

史铁生受到鼓励后，花费了近一年的工夫，写了一个三万字的剧本，寄给了柳青。柳青便把史铁生写的剧本拿给长春电影制片厂的编审们看，再把这些意见反馈给史铁生，这样一遍遍地来回往复。当时中国正处于"文革"时期，电影拍摄极易受到政治意识形态的影响，不存在导演自由发挥的空间，一律按照文艺方针和政治斗争路线拍摄，像史铁生这样真正注重文学艺术色彩的剧本，在那个年代是不可能被编审们认可的。但柳青仍然积极地回复他："不过我看你行，依我的经验看你肯定可以干写作这一行。"[②] 这句话再一次激发了史铁生继续写作的动力，他不断发

---

① 史铁生.孙姨和梅娘[M]//史铁生.记忆与印象.北京：北京出版社,2004:109.

② 史铁生.孙姨和梅娘[M]//史铁生.记忆与印象.北京：北京出版社,2004:109.

奋努力，目标是有一天自己的名字真的能够出现在银幕上。直到有一天柳青告诉史铁生，他的稿子写得很好，就连电影文学剧作家叶楠都对此表示赞赏，这使得史铁生获得了信心，从此便放弃了彩画和学英语，一心一意地学习写作。

1978年，柳青回北京进修学习，史铁生把写好的小说《法学教授及其夫人》拿给柳青看，柳青看后感觉非常好，因为这是一篇非常具有时代感的小说，正值那时的人们都刚刚从痛苦的记忆中走出，看到这篇文章不免会有深刻的感受，无论精练的语言还是文理蕴意都比较成熟。柳青立即决定帮助史铁生把这篇文章推荐到杂志社发表。为此她找了所有可能帮助推荐这篇小说的人，每当得到反馈的信息和修改的意见，柳青总是迫不及待地来到史铁生家，给他带来几位有名作家对此提出的意见，史铁生汲取了可以接受的意见，还不时与柳青就写作问题进行平等友好的交流。经历几次往复，在等待两个多月后，史铁生的笔迹终于印在了杂志上，柳青激动万分地前来史铁生家祝贺，对此史铁生曾经回忆："那日天色已晚，她风也似的'刮'来，进门劈头盖脸向我祝贺，说那一篇'写得真不错'。我不免又激动一回，却是激动不过她。"① 可见，柳青对于史铁生有着姐姐般的热情关怀和帮助，是她真正把史铁生引向文学创作，通过一次次不断地激励和帮助把史铁生推到写作的道路上，她在史铁生从事文学创作的初期起到了至关重要的作用。

史铁生后来在他的散文和随笔中，多次写到柳青对他从事写作的帮助和鼓励。在散文《孙姨和梅娘》中谈道："毫不夸张地说，她是我写作的领路人。并不是说我的写作已经多么好，或者已经能够让她满意，而是说，她把我领上了这条路，经由这条路，我的生命才在险些枯萎之际豁然地有了一个方向。"② 后又在谈柳青的一篇随笔中写道："我不敢说柳青是伯乐，那样岂不等于说自己是千里马？让人笑话。实际上我的腿是瘫的，不能千里也不是马。实际上她成了我文学上的老师和引路人……她回信说：'我一下就看出你应该搞文学。'这句话比我后来得了小说奖还

---

① 史铁生.她是一片绿叶[M]//史铁生.史铁生作品集：第2卷.北京：中国社会科学出版社，1995：472.

② 史铁生.孙姨和梅娘[M]//史铁生.记忆与印象.北京：北京出版社，2004：108.

让我激动。我们全家也都激动了一回。"① 若干年后,已经成名的史铁生,毫不避讳地感恩这位写作方向的指引者。虽然他的引路人在当前可能是并不为多少人所熟知的一位普通人,但是史铁生仍然像以前那样去珍视和爱惜这段平常却情感深厚的友谊。

柳青曾在回忆史铁生的《心中藏之 何日忘之》一文中谈道:"对铁生的才能我从来没有怀疑过。他只是得了他应得的。我在日记上写下:'他已成熟,很快会在文学界放出光华。我真为他高兴。'"② 可见,她那时是真正地关心史铁生,这也铸就了两人之间深厚的友谊。柳青在二十世纪八十年代就已经移居海外,但并没有中断两人之间的友谊,时常通信来往,仍然是热烈地讨论写作问题,各抒己见的争论中却不失真理。后来柳青又帮助史铁生在香港出版了他的第一部长篇小说《务虚笔记》,可见两人友谊的深厚。史铁

---

① 史铁生.她是一片绿叶[M]//史铁生.史铁生作品集:第2卷.北京:中国社会科学出版社,1995:472.
② 柳青.心中藏之 何日忘之[M]//"写作之夜"丛书编委会主编.生命—民间记忆史铁生.北京:中国对外翻译出版有限公司,2012:138.

生在文学创作方面取得的成绩已经远远超越了他当初的引路人。柳青曾说她和史铁生的友情关系已经转换了位置,他成了师表,而她却成了学生。当然,这只是两人之间相互谦虚的玩笑话,但是,史铁生对待朋友的真诚和热情,以及感恩于好友们在他那段人生迷惑时期,能够一起与他们解惑人生,共同寻找和充实精神食粮的真挚友情却是永存的。

史铁生与梅娘的相识和结交对于史铁生坚持写作的理想是意义重大的。这位老作家给予史铁生的不仅是坚持写作的精神鼓舞,更多的是面对生存逆境保有毅力和乐观的感动与激励。梅娘是柳青的母亲,也是经同学刘瑞虎介绍与史铁生认识的。由于那时的史铁生刚刚瘫痪,情绪起伏不定,刘瑞虎常常提及邻居孙姨的不幸生活来激励着史铁生。这位老太太在1957年就被打成了"右派",独自照顾躺在病床上多年的儿子,靠在外面偷偷地打点零工,给儿子治病和维持生活,邻居们从来没有看到她愁眉苦脸地唉声叹气,她时常是一个人在屋里唱歌,以此来消解那发愁和痛苦的时刻,是个无比坚强的人。

在好奇心的驱使下,在被孙姨故事的打动

下，史铁生在瑞虎家的门口见到常常被同学们提及的孙姨，她笑着走过来，同学告诉史铁生这就是孙姨，正准备介绍史铁生之时，孙姨却打断道，她已经猜出了坐在轮椅上的是史铁生。由于同学刘瑞虎家和孙姨家是世交，在平时的交谈中他可能早已把史铁生的故事，不止一次地讲给孙姨听。就这样在一见如故中，孙姨迈着轻捷的步履来到了史铁生身边，亲切地抚摸着史铁生的肩头，简单地聊开了话题，之后，她便说下午还有事匆匆地离去了。当她离开之后，同学偷偷地告诉史铁生，孙姨刚从街道上干完活回来，又要赶着去一户很远的人家做保姆，因为她有历史问题，所以必须隐瞒着，最好到不认识她的地方去做工，否则无法找到生存下去的出路。就这样，史铁生第一次见到了声音洪亮、脚步轻盈、却又好似忙碌的孙姨。

史铁生在《孙姨和梅娘》中回忆初次见到孙姨，给他留下的印象："那时她五十多接近六十岁，头发黑而且茂密，只是脸上的皱纹又多又深，刀刻的一样。她问我的病，问我平时除了写作还干点什么？她知道我正在学着写小说，但并不给我很多具体的指点，只对我说：'写作这东西最是不能急的,有时候要等待。'倘是现在,我一定就能听出她是个真正的内行了,二十多年过去,现在要是让我给初学写作的人一点忠告,我想也是这句话。她并不多说的原因,还有,就是仍不想让人知道那个云遮雾障的梅娘。"[1] 虽然那时的孙姨并没有和史铁生更多地谈论写作,但是她的那一句实实在在的忠告却言简意赅,直切要害地道出了从事写作的关键所在。进行文学创作更多地需要个人知识经验和人生阅历的积累,如果没有一定的耐力很难取得成功,可见,这是有着丰富写作经验的人对于文学后辈真诚的忠告和鼓励。

那时的史铁生根本不知道他认识的这位邻居孙姨,就是活跃于中国三四十年代文坛的老作家梅娘,那时的史铁生更多的是被孙姨的事迹所打动。孙姨曾经因为丈夫问题被打成"右派",史铁生见孙姨的时候,她的儿子刚刚去世,白发人送黑发人是人生最为痛苦的事,可以想象那时孙姨的内心是怎样悲伤。但是,现实的生存让孙姨

---

[1] 史铁生.孙姨和梅娘[M]//史铁生.记忆与印象.北京:北京出版社,2004:107.

无法沉浸于痛苦，她得活着，得去做工，当然还要接受政治运动的批判，甚至被关押而失去人身自由。但史铁生见到的孙姨并没有因饱受折磨而失去斗志，除了脸颊上无法抹去的岁月的痕迹，她表现出来的仍是乐观开朗的胸怀。

孙姨的人生命运中充满着不幸，青年时期丈夫去世，给她留下了难以言说的政治身份，那个年代的政治压抑是能够让人崩溃的，家庭痛苦更是如此。她有两个女儿和一个儿子，小女儿和儿子都是在二十岁左右时患同样的不治之症而病死。之前个个都活蹦乱跳，长到二十上下突患重病，任何医生都无法医治，只能等待死亡。孙姨被打成"右派"，开除了公职，送到劳改农场服刑改造。此时家中只剩下十五岁的柳青带着妹妹和弟弟，由于小女儿当时身患重病，生活难以自理，被送到了救济院。由于孙姨长年不在身边，十五岁的柳青为了让病重的妹妹吃到一个油饼，竟自带干粮到北京东郊的锅炉厂做小工挣零钱，买了好吃的，再蹬几十里的自行车到救济院，去看望躺在床上的妹妹，帮助妹妹清理卫生，直到把她梳洗干净后才蹬车离去。这样难耐的日子，姐弟三个整整过了 4 年。幸好当时刘瑞虎的家庭情况有所好转,帮助照顾孙姨的儿子,但是最终小女儿死在了救济院。劳改过后,孙姨成了真正的无业人员,她只能靠做些粗活和零工来维持全家的生计,"文革"时期,她的儿子病重在床躺了几年后也离开了人世,只剩下唯一的大女儿柳青。

史铁生由自己母亲的不幸,联想到同样作为母亲的孙姨的痛楚,"我想起我的母亲在地坛里寻找我,不由得就想起孙姨,那时她在哪儿并且寻找着什么呢?……我越来越深地感受到了我的母亲当年的苦难,从而越来越多地想到孙姨的当年,她的苦难唯加倍地深重"[1]。孙姨曾经先后失去了两个孩子,她内心的痛苦并不比史铁生的母亲因儿子瘫痪忍受的苦难少。孙姨是凭着怎样的毅力和坚强活着,这一点深深地激励着残疾的史铁生,他的痛苦相对于孙姨的儿女是幸运的,因为他还能够活着,活着就是生命,母亲还可以去找他,去关心和爱护他。孙姨却连作为母亲的基本权利都失去了,她甚至因政治改造失去照顾病重的小女儿的权利,对于她来说,内心承受着的

---

[1] 史铁生.孙姨和梅娘[M]//史铁生.记忆与印象.北京:北京出版社,2004:108.

痛苦和煎熬真是令人难以想象。史铁生谈到孙姨的苦难："这样的在外面受着歧视、回到家里又眼睁睁地看着一对儿女先后离去的母亲，她是靠着什么活下来的呢？靠她独自的歌声？靠那独自的歌声中的怎样的信念啊！我真的不敢想象，到现在也不敢问。"① 当时孙姨的内心是极度痛苦的，一边遭受着政治压制，身心备受折磨，而且不知道这种苦日子何时才能终止。对于一个深受教育的高级知识分子来说，他们在坚持真理面前往往会显得特别"固执"，因此可能会受到更大的打压。一边是家中年幼的儿女需要她的照顾，面对病魔侵蚀着的一双儿女，她却无能为力，这带给她极大的痛苦折磨。面对重重灾难折磨，孙姨依然坚强乐观地活着，她的这些事迹深深地打动了史铁生，也时刻激励着史铁生珍惜生命，努力地活出自己的价值。

孙姨也就是梅娘，她的真实身份是一位有着丰富人生阅历的作家。孙姨的本名叫孙嘉瑞，"梅娘"是她发表文学作品时用的笔名，她是一

---

① 史铁生. 孙姨和梅娘[M]//史铁生. 记忆与印象. 北京：北京出版社，2004：108.

位名副其实的女作家。

梅娘十九岁开始发表文学作品,她在二十二岁之前已经完成代表作水族"三部曲"——《蚌》《蟹》《鱼》,奠定了她在中国三四十年代,东北和华北沦陷区文坛的知名女作家地位。1942年从日本留学返回北京定居后,梅娘便进入创作高峰期,曾被读者评为最喜爱的女作家之一,视为与张爱玲齐名,享有"南玲北梅"之称。梅娘创作小说时,正值中国遭受日本帝国主义侵略的苦难时期,因此她的作品更多的是针对社会现实,号召备受压迫的中国女性要勇于做出自己的反抗,突破各种不平等的压迫,争取到人格、婚姻、生活等方面独立自主的权利,表现出朦胧的女权意识。梅娘的文学才华曾经在中国三四十年代的文坛华丽地绽放,然而又在岁月的流逝和人生的变幻莫测中持续了八年就因抗战时期生活的流离和丈夫的去世而停止。随后又因为政治运动,梅娘便在文坛销声匿迹。直到1978年,中国发生巨大的变化,对于一些人在特殊年代遗留的历史问题重新界定,进行了一系列的平反运动,梅娘也列在其中,获得平反后的她终于在时隔十六年后,再次恢复从事写作的权利,重新获得了电影制片厂的工作。在相当长的时间内，一些出版社寄信给她，整个单位没有人知道有一个叫梅娘的人，不知道孙嘉瑞就是曾经名振文坛的女作家。随着中国政策的宽松，一些从事文学研究的人经历千辛万苦，找到了还留在人世间的梅娘，她曾经的文学创作和地位又重新被研究者挖掘出来。梅娘的人生充满了传奇色彩，她从一个豪门小姐，成长为抗战时期流离失所的才女作家，后又成为一个备受政治压抑多年的无业游民。梅娘既可以享受着富足的生活，凭借文学才能名振文坛，又能够忍受沉重的政治劳教，挖防空洞，学泥瓦匠，她甚至可以精湛地不借助外线把墙砌得很好；为了生存她干过建筑工地的零工，做过富人家的保姆等，从富裕到底层的年月，什么活儿她都尝试过，这对人的耐力是一种极大的考验。

在随后的年月里，史铁生与孙姨（梅娘）有着一定来往，当史铁生得知她就是一位著名老作家后，让他感受至深的是孙姨热爱写作的谦卑精神，以及她对后辈的提携和关爱。从一定意义上说，梅娘对史铁生从事文学创作有着精神的启发和引导意义。得到平反后，六十八岁的梅娘又开始了她的写作，作品基本以散文、随笔和回忆录为主,当书出版后,她热情地送给史铁生一本,并且认真又诚心诚意地说:"现在可是得让你给我指点指点了。"① 说得有些让史铁生承受不起,她当初可是最受读者喜爱的作家之一,可以与张爱玲相提并论,现在却非常真诚地向一个文学后辈请教,这让史铁生有些惶恐不安。孙姨话出一时夹杂着一声叹息,带来片刻的沉默,这也是史铁生认识她这么多年来,第一次听她叹气,也许这是她内心在感叹自己的年事已高,岁月让她的写作热情在几十年的坎坷和苦难中消磨殆尽,如果是另样的人生,她也许能够在写作上投入更多的热情。

孙姨唯一的女儿柳青定居加拿大后,曾试图让她跟随自己迁居海外,但孙姨去过几次后,仍然决定回国一个人定居北京。也许正像当年孙姨可以选择留在台湾,当时也有大学用聘任她为教授来延请,可能会过上更好的生活,一双儿女也可能不会早年夭折,但是她仍然坚决地回到那个百废待兴的中国,希望为祖国发展贡献她的绵薄

---

① 史铁生.孙姨和梅娘[M]//史铁生.记忆与印象.北京:北京出版社,2004:109.

之力，也许当前同样是梅娘心中的中国情结，让她选择在中国生活。后来，史铁生搬家离孙姨住的地方远了，加之腿脚不便，便无法经常去看望孙姨，而孙姨却时常打电话给史铁生，有一次告诉史铁生在一本日文的刊物上看到评价他小说的文章，询问需要她给翻译出来吗？几天之后，孙姨便给史铁生寄来了工整的手写译文，其中可见她精湛的文笔。史铁生与孙姨从平平常常的邻居关系相识，后来发展为师长文友间的忘年之交，孙姨的人生事迹和文学精神给史铁生极大的激励和鼓舞。

1979年，史铁生在文学刊物上发表了第一篇小说《爱情的命运》，这篇小说发表于西北大学生社团主办的希望文学社的社刊《希望》的第1期。同年还发表了《兄弟》《法学教授及其夫人》，共三篇小说，其中后两篇分别被文学界非常推崇的刊物《花城》和《当代》同年转载，这在一定意义上说明史铁生的作品受到关注。这一年，史铁生争取到了北京市病残知青的优待政策，每月能够拿到公费医疗和民政部门发给他的六十块钱补助。在那时的中国，几十块钱很可能是一个中等工薪阶层一个月的工资待遇，这无疑在很大程度上缓解了史铁生的家庭压力。这些补助能够让史铁生把更多的时间和精力用在写作上。从此以后，史铁生便开启了他的文学创作之路，随后几年相继发表了小说《午餐半小时》《没有太阳的角落》《我的遥远的清平湾》《奶奶的星星》《命若琴弦》《插队的故事》，散文《秋天的怀念》《合欢树》等，后来这些作品被读者认为是他的经典代表作品。

1983年，史铁生凭借《我的遥远的清平湾》获得了全国优秀短篇小说奖，小说内容真实而温馨，清新质朴而又富于深沉哲思的写作风格，受到文坛的认可，也让史铁生一举成名，被众多读者所认识和喜爱。同年史铁生加入中国作家协会，成为会员。中国作家协会是中国文学界最具有权威性的组织机构，作家必须取得一定的文学成就后，才可能有机会加入。

1984年，史铁生的小说《奶奶的星星》又一次获得全国优秀短篇小说奖，这使得史铁生文学创作才能的潜质再一次得到发挥。全国优秀短篇小说奖是中国二十世纪八十年代短篇小说方面比较权威的文学奖项，从1978开始实施评奖制度到1986年取消，每年举办一次评奖活动，最后一次为1985—1986两年的作品参与评审。通过全国多个文学刊物推荐，再经多次遴选和选拔，评审出这一年在短篇小说创作方面最能够代表全国水平的优秀作品。中国五十年代出生的活跃于当前文坛的作家贾平凹、韩少功、王安忆、张炜、梁晓声、李锐等都曾获得此类奖励，而对于史铁生来说，能够连续两年获此奖励，实属难得，也再一次证明史铁生在文学创作方面的才华。

自从获奖之后，史铁生在雍和宫大街26号的家，涌满了络绎不绝的人群，有各家的媒体记者，有慕名而来的读者，各大报社的记者们纷纷等候采访他。史铁生原本也想像往常一样过着他的平淡生活，便常常是不好意思地拒绝来访者，面对千篇一律的记者采访，让史铁生对客套的回答感到索然无味。相对于此，他不愿意被外人打扰，更喜欢安静地思考。加之史铁生的身体状况不好，不能长久地端坐，过一段时间便需要躺卧休息。因此，史铁生家人为了躲避外界的干扰，不得不在家门上贴字条："史铁生一听有人管他叫老师就睡觉；史铁生目前健康状况极糟，谈话时间一长就气短，一气短就发烧、失眠，一发烧、失眠就离死不远；史铁生还想多活几年，看看共产党的好日子。"① 虽然有些自嘲的意味,却是家人为了保护史铁生的迫不得已,也是那时史铁生真实的处境,他的生命历程随时可能会受到病魔的干扰和死神来临的威胁,因此史铁生尽可能地留出更多的时间从事思考和写作。

著名作家王安忆在《残疾人史铁生》一文中回忆,她有一次去看望史铁生,是他父亲开的门,当时也是指着门上告示的见客时间,但收到史铁生在屋里敲窗户的暗示后,才让她进门。可见,史铁生更愿意低调地生活,把时间留给写作。史铁生每次发表作品取得成绩后,他都摇着轮椅来到他熟悉的地坛公园,以心灵慰藉他的母亲,这里有母亲曾经多次寻找他留下的脚步和身影,多么希望自己的母亲能够看到现在的他,而不是带着沉重的牵挂离世,他多么想把这些美好的时刻与母亲一起分享!

1979年到1989年这十年期间,史铁生开始在文坛崭露头角,他发表了大量的小说和散文,还创作电影剧本。1985年,史铁生的小说集《我

---

① 刘珏欣.《南方人物周刊》:史铁生 最后的聚会[M]//林建法主编.永远的史铁生.北京:华夏出版社,2011:184.

的遥远的清平湾》由北京十月文艺出版社出版。1988年小说集《礼拜日》由华夏出版社出版。此外，史铁生在电影文学剧本创作方面也取得了一定的成就，他出任编剧的《死神与少女》于1989年获得了保加利亚第十三届瓦尔纳国际红十字会与健康电影节荣誉奖；他与人合写的电影剧本《多梦时节》于1988年获第九届金鸡奖最佳儿童片奖、广电部优秀影片奖、第三届儿童电影童牛奖艺术追求特别奖。这些荣誉不断地为史铁生在文坛上的影响添砖加瓦。

史铁生这一时期文学创作的灵感来源和书写的题材内容，主要是他所经历的生活和对于社会人生的思考，从内心感受的现实中敢于说出自己的心声，表达他所思考的价值观和道德意识。史铁生以他"文革"时期的经历和插队知青生活的感受为文学素材，创作有着自我认知意识的文学作品。史铁生以他所经历的那段特殊时期为背景，创作了《法学教授及其夫人》《白色的纸帆》《"傻人"的希望》《文革记愧》《巷口老树下》等作品，这些作品都通过对人的描写，侧面地反映出那个特殊的历史时期给人们留下深刻的印象，更多的当然是给普通人生活所带来的痛苦和思想的摧残,甚至让人一度怀疑自己坚守做人的道德原则和真理存在的价值。《法学教授及其夫人》中的这位教授夫人由于饱受特殊时期的政治压制和思想压抑,不敢大声说话,人在精神极度敏感中陷入崩溃的状态。法学教授内心坚持的真理,在妻子死后变得更加坚定。史铁生直接反映"文革"的作品不多,因为那时正值中国刚刚结束"文化大革命",文坛作家纷纷抒写这段时期给人们带来的精神痛苦和生活苦难,而史铁生并没有追随这种流行趋势,他更多的是以自己对历史的感知,侧面地反映"文革"对普通知识分子和平民的影响。

史铁生以他难忘的知青生活为题材在八十年代初期创作了小说《我的遥远的清平湾》《插队的故事》,随笔《人间》《几回回梦里回延安》等作品。这段经历对于史铁生的人生非常重要,可以说,在一定程度上成就了他的文学创作。史铁生对他的知青生活总有着说不完的话题和永远不能忘怀的深情,因为他把十八岁的羞涩青春留在了那里,一群激情澎湃的少年白天与农民一起参加劳动,晚上在窑洞炕台上读书,谈人生,谈理想。虽然那时不知道未来将会怎样,但有着充实的精神食粮，苦涩的乡村生活饱含人情的热忱，贫瘠的物质生活中夹杂着丰富的乐观情怀。

　　史铁生知青题材小说的代表作《我的遥远的清平湾》，是他以自己插队时期喂牛生活的经历为素材，记叙主人公"我"作为一名知青来到了一个名叫清平湾的山村插队，因为腰腿疼得厉害，队长和乡亲们关心和照顾"我"，把生产队里拦牛的轻快活儿派给了"我"。从此之后，"我"和一位姓白的老汉共同承担起了饲养员的责任，白天把牛拦上山，夜晚一起熬到深夜为牛添草加料。白老汉为人善良谦和，和他的小孙女相依为命，在拦牛生活中常常关心照顾"我"，青年人熬不住饿，"我"时常在山上放牛时把他的干粮吃了，他不仅没有生一点气，而且感到非常欣慰，白老汉会带"我"到山背爬树，去摘酸极了的梨充饥。夜晚时分，要起身几次去喂牛，五更天熬得"我"坐在牛槽边打盹儿，白老汉总是心疼地让"我"回屋，他帮忙给牛添两次料。下雨阴天无法上山放牛，"我"和白老汉就躲在牛棚里聊天，他会质问"我"北京那么美为什么要跑到山沟里来。"我"也会提及他的当年参加抗日战争为什么不跟着队伍留在广州，他却说山里人做不成官,打完仗就一心想着回家,也曾幻想着如果当初没有回来,他的孙女现在就不会愁吃穿了。

白天拦牛上山,白老汉从来不闲着,他嘱咐几句后就去山崖上砍柴,那时的山里人需要找吃的,更需要找烧的。而"我"却把牛集中在山沟后就去山上欣赏风景,或者看书,或者熟睡,打发着风景美好却饥饿难耐的时间。白老汉是一个吃苦的人,他更是敬佩那些老实听话、吃苦耐劳的人,他和村里人总是感叹着年月不如红军刚到陕北的时候。农民分了土地单干有了吃的,也有了烧的,而时机变了,当见到村民迷信起来,去破庙拜神之时,白老汉又哼起了小曲儿,暗示是"四人帮"让农民过得更苦了,他有着敏锐的先锋意识。白老汉不惜以自己的微薄力量救助两个眼瞎讨饭的老乡,并且热情地让全村人出钱请了瞎子说书。白老汉照顾牛更是非常细心,关爱有加,当得知"我"有意让两头牛顶架后,第一次沉下了脸,他知道"我"年轻气盛,告诉"我"其中一头牛曾经救过人的命,勇敢地与饿狼决斗,挽回了村里的生命财产损失,所以他格外敬重这头老牛。这件事情促使"我"加倍地用心照顾这些帮助全村人劳作的牲口,在日日劳作中与牛建立起深厚的感情,以至于在一头老牛去世后,全村只有"我"和白老汉没去吃肉,一起坐在牛槽边默默地为这头牲口伤心。

白老汉还乐于唱民歌,时常在拦牛回村的路上,山沟里回荡着他那悠扬又凄美的歌声,面对苍凉贫瘠的黄土,怀揣多少梦想,却只能借助歌声来排解心中的忧愁和烦闷。"我"在与白老汉的相处中,经常与他说笑,他却不太在意,只有他的小孙女没完没了地询问"我"北京城里的事,充满了对北京能够经常吃肉的向往,白老汉还曾开玩笑说等孙女长大就嫁到北京去。白老汉也有着他不可言说的伤心事,贫穷的年月里舍不得给大夫送礼而耽误了儿子的病,他总是懊恼自己,如果当初他舍得十来斤米面就能换回儿子的生命。

因此,当"我"腿病严重回北京治疗后,白老汉委托回京探亲的同学带来了一张破旧的满是污渍的十斤粮票,同学对他说这粮票只能在陕西用,北京用不了。白老汉不信,说这是他卖了十斤好小米换来的,不信北京不能用,硬是让同学给"我"带上治病用。"我"立刻明白了白老汉的用意，他儿子的病当年就是这样耽误的，他认为北京也是这样，需要给医生送礼。"我"从这张旧粮票中感受到了白老汉对"我"的真心关爱。若干年后，白老汉的孙女终于攒够了钱来到北京，和"我"谈起了她的爷爷、清平河的水，还有那头犍牛的情况，她给白老汉买了把新二胡，白老汉还是像以前那样在遍地黄土上长满山丹丹的崖沟里，传出他那悠长的歌声。

《我的遥远的清平湾》中史铁生对乡村生活的真情表达，展现出乡村人的质朴善良，在那个贫穷落后的年月里，人们以他们独特的方式和情感温馨地过着平凡的生活，人与人之间的温暖和真诚成为相互慰藉心灵的精神寄托。这段知青生活丰富了史铁生的青春梦，也成为他一生中最宝贵的精神食粮。

史铁生由生病的经历而发出感受，以及由此引发他以自身病情、童年、亲人、爱情等为原型创作大量的自传性小说和散文。史铁生根据病重后的生活经历创作了《白云》《足球》《我之舞》《车神》《我的梦想》《午餐半小时》等一系列小说，生动细腻地叙说着自己在突然残疾后，面对社会现实所遭受的心理落差，在追求与他人平等的生存权利时,却总是受到一系列不平等的待遇,最终只能迫于现实生存的压力暂时放弃自己的梦想。

史铁生根据在街道小工厂做临时工的所见所闻,创作了小说《午餐半小时》,这篇小说发表之后,因为揭露城市弱者所处的底层真实生活,而被定位为描写灰色生活,反映社会黑暗而受到批判。从而让史铁生这篇真实再现边缘者的尊严,批判底层民众在备受社会贫困不公的待遇中,消磨殆尽着个人情感与生活热情的小说,因整个大的文学发展背景而没有发出亮光,但是证明了史铁生在与底层民众的交往中,深知社会边缘者身处困境却无法言说的窘态,充分显现出他同情弱者的人道主义悲悯情怀。

史铁生这一时期还创作了以自己的亲人为题材的小说《奶奶的星星》,散文《秋天的怀念》《合欢树》等,诉说着在那些特殊的岁月里,奶奶背负着政治身份的压抑,勤劳吃苦地长期生活在自我审视和反省之中,虽积极参与政治改造,但仍然无法获取心理自由,以及与他人平等的生活权利。其中《秋天的怀念》和《合欢树》两篇散文以真情实感回忆自己与母亲在病重初期共同经受的苦难。母亲在儿子瘫痪后，面对儿子承受的病痛，充满了无奈和无助，想尽一切办法来治疗儿子的腿病，尽量理解儿子起伏不定的情绪，文字之间彰显出浓浓的母子情深。史铁生对突然病逝的母亲充满了愧疚不安，悔恨自己在母亲在世的时候没能够顾及母亲的感受，只顾沉浸于自己残疾的悲痛之中，而忽视了母亲的那份疼爱和悲痛。因此在找到写作的人生出路后，深深沉思着母亲为什么那么早就离世，只能来到母亲曾经住过的那所小院，与那里的乡邻们聊起了母亲种下的那棵合欢树，合欢树如今已经花开满枝，而母亲却成了史铁生永远的记忆。

史铁生还创作了一些以爱情为主题的小说，如《没有太阳的角落》《山顶上的传说》《礼拜日》，作品抒发了青年男女对于爱情的向往，着重描写残疾青年对于爱情的那种可望而不可求的痛苦心理。他们虽然身体残缺，但精神极其健康，他们多么希望恋人能够爱自己，相信自己是有能力去争取他们的爱情的。但他们的爱情却受到巨大的阻力，或者是出于残疾者的自卑和爱情的责任，他们最终没有留住恋人，爱情却长久地充满内心，在经受消极的悲愤之后又变为积极的力量。青年人对于爱情充满了美好的向往，即使最终失败也不能自暴自弃，必须要学会坚强地面对失败，从而获取积极向上的动力，而不是沉湎于悲伤之中。

史铁生经受的自身瘫痪的病痛，引发他在文学创作中对残疾群体的关注，创作了一些描写残疾人题材的小说。《来到人间》《命若琴弦》《在一个冬天的晚上》《原罪·宿命》等篇章中抒写残疾者对不幸命运的抗争，似乎也是对于人自身命运的不可预测性的感慨。作为一个残疾人，必然要遭到正常人投来的异样眼神，接受无法摆脱的不公的待遇，但是在经受不幸之后，人们应该学会面对现实，勇往直前地去战胜命运，不惧困难地传承着生存不息的精神。《来到人间》中当那个受到父母加倍保护的残疾小女孩，受到学校里其他小朋友和老师的种种鄙视后，父母为她今后的生活和命运而担忧发愁。但是生活仍得继续，父母不可能永远保护她，她总得独自面对社会，父母决定教育和训练孩子抗拒外界困难的毅力。《在一个冬天的晚上》中一对残疾夫妻因为身体原因而无法生育出健康的下一代，不断地因为收养孩子的问题而犹豫不决。先是夫妻两人无法达成一致,设想收养可能出现的各种问题,两人达成一致后又因为两人是残疾者而被拒之门外,孩子的母亲不愿意把自己的孩子送给残疾家庭,夫妻俩在失望却欣慰的复杂情绪中,相互安慰扶持走向回家的路。作品反映了一个社会问题,即残疾群体常常面临着两种生存压力,一是来自社会不公正的歧视,二是自身的自卑情绪而导致沉迷于命运不幸的痛苦之中。在两方面压抑的夹击之下,残疾者一旦无法正确地认识自己和面对社会的不公,很可能会陷入生活的迷宫。

关于这一特殊群体的生存命运,史铁生在小说《命若琴弦》和《原罪·宿命》中给出了自己的思考,就是对一种信念的坚持,只有这样才能找到活着的勇气和精神寄托。这不是自欺欺人,也不是一种迷信,对于这些残疾者来说,他们终归要找到一种可能认可和坚信的东西,作为让他们维持生命的理由,他们才能更坚强地活着。《命若琴弦》中老瞎子继承师父坚持不懈的精神,要在弹断一千根琴弦后方可得到药方,重见光明,但当得知师傅给他留下的是一张无字的药方后,他仍然坚持将这种信念传递给他的徒弟小瞎子。因为老瞎子从他的师傅那里悟出,人的命运需要靠着一种信念来维系，这种信念可以理解为一种人生的目标，即经过自身的努力可能会获取成功，也有可能是失败的结局，但是只要他为之奋斗和努力了，就发挥出了人生的价值和意义。老瞎子把"药方"继续传给徒弟，实际上是把那种维系生命的精神传递给小瞎子，只有这样琴才能继续弹下去，生生不息的过程离不开精神信仰的寄托。

《原罪·宿命》中的终年瘫痪在床的十叔和他开豆腐房的父亲一直坚信，十叔的病终归有一天是可以治愈的，这是父子俩维系生存的信念。十叔年轻时满怀理想和抱负准备出国深造，却因为一场意外的车祸脊椎被撞断，只能终身躺在床上。人的命运可能会在几秒之内瞬间改变，面对着天灾人祸，人应该怎样找到活下去的勇气和精神支柱？从对这些残疾者的描写中，我们可以看到史铁生瘫痪的影子，可以感受到他在灾难命运中苦苦的挣扎和痛苦，以及他坚持不懈地寻找精神和理想并最终获得重生的希望。这些都值得我们沉思和学习，也让我们更加深刻地体悟到作为社会边缘群体和残弱群体生存的不易。通过史铁生的小说，我们可以感觉到他在文学中表现出的博大的人道主义关怀，也呼吁整个社会能够给予这些群体更大的生存空间和精神支持。

1989年初，正值史铁生的文学道路蒸蒸日上之时，病魔又一次降临。史铁生又遭遇了一场生死大难，因患附睾炎再次住进了友谊医院的神经科。这次病情由发烧引起，先是在第六医院打点滴退烧，但出院回家后，高烧仍然持续，最终在众多同学好友的建议下又来到了友谊医院，当时因为天晚，被急诊科安置在简陋的观察室内。第二天，由于找不到病床，史铁生躺在人来人往的推车上，烧得牙床打战，浑身发冷，同学好友四处求救，在医院大厅内过路的两位女大夫认出了史铁生，同情他情况的不易，立即想办法帮忙，史铁生才得以住进病房。史铁生的这次病情不是很好，入院后很快接受了手术治疗，终于又在危难中逃过了一劫。

史铁生在《我二十一岁那年》中写到他多次入住友谊医院，多亏医院大夫们的奋力抢救，护士的热心关照，他才得以活了下来。甚至是后几次史铁生的病情不在神经科医治的范围，但因为那里的医生和护士对史铁生非常了解，加之他前两次生病期间的熟知,这里的大夫们早已把史铁生视为他们自己的亲人,因此只要史铁生生病进了友谊医院,神经科的医生都会接纳并尽力治疗他。史铁生1993年、1994年、1999年几次病发,因下肢静脉血栓,引发病情越来越严重,也都是住进了友谊医院的神经科。1999年是最为危险的一次,必须立即进行溶栓治疗,否则将是下肢坏死,面临截肢。史铁生这次在病房的交班室整整打了一夜的点滴,天亮之时,发硬的下肢血液循环被打通后变暖发软,从而保住了下肢。史铁生就是在这样的身体状况下不断坚持写作,他的生前好友谈道:"病痛使他不得不停止写作整天卧床……冬天,他那毫无知觉的腿,经不起寒冷,如果冻了,就有坏死的可能;夏天,全身的热量只能从上身排出,额头的痱子从来不断……"[1] 史铁生每次经历的身体上的疼痛,往往是常人无法想象和预料的,但是他仍然追求着自己的人生理想和活着的意义。

---

[1] 徐晓.我的朋友史铁生[M]//"写作之夜"丛书编委会主编.生命一民间记忆史铁生.北京:中国对外翻译出版有限公司,2012:118.

史铁生在病痛的折磨中，不断寻找精神方面的充实和饱满，勇往直前地奔向文学之路。经过他的不懈努力和奋发拼搏，终于在八十年代迎来了文坛的瞩目，在黑暗的青春人生中闪耀着真正属于他的光明。史铁生没有被生活的种种不幸击倒，而是战胜灾难，勇于超越自我，从而让他因病残而即将陷入灰暗的人生又重新找到了一条新的出路，让自己充分发挥了应有的人生价值和积极的社会作用。史铁生成名后，为人做事非常低调，仍然像以前那样坚守自我的生活原则，他如从前一样与来看望他的同学好友畅聊，与到他家拜访的同行作家交流探讨，其余时间一概避开外界的打扰，把所有的心思和精力都用在写作上，时而因为病情复发等原因还要奔赴医院，与病魔顽强地抗争。对于史铁生来说，他能够活着，能够坚持写作就是最快乐的事，因此，他比普通人更加珍惜时间，争取把宝贵的时间全部用于文学创作。

史铁生的事迹给予我们的意义是深刻的，人的一生不可能一帆风顺，总会经历这样或者那样的困难和痛苦，也许是人生的困惑，也许是命运多悲的灾难，也许是从天而降的意外痛苦，等等。但是，只要人活着，他就应该学会坚强，努力地振作起来，调整自我沉迷于悲伤的消极情绪，重新追寻他的社会价值和人生意义，这样才不会浪费生命，从而得到社会和人们的尊敬。机会总留给有准备的人，上天总会善待勤劳的人，只有坚强努力才能获得成功。史铁生经过自己勤奋努力，克服病痛的折磨，在文学上取得了一定的成就，这不仅让他受到社会的尊敬和人们的认可，也给他带来了一些意外的人生惊喜。

第三章
爱情来临与生命亮光

点燃生命的希望与家庭的温暖

1989年的一天,对于史铁生来说,是一个具有非凡意义的重要人生时刻,一位因为仰慕他的文学才华而向他走来的女孩陈希米,突然降临到他家中,成了他的妻子。史铁生曾谈起自己在本该迎接爱情的年龄却迎来了残疾,但那场没有圆满结局的初恋帮助史铁生度过了人生最为煎熬的困惑时期。正值青春年华的他,是多么渴望能够留住那段美好的爱情,但是他那时双腿已经残疾,爱情对于他来说并不是两情相悦的事,而是迎面而来的阻挠、社会舆论压力和恋人父母的强烈反对。这一切促使史铁生开始怀疑自己对爱情的执着,残疾让他的爱情变得苦闷。社会的白眼和鄙视让恋爱双方都承受着压力,最终因为对方家庭的介入而让恋人远赴他乡,结束了这场不被众人认可的爱情。

史铁生对自己的爱情更多的是充满了无法言说的无奈,心理健康的他对正常来临的爱情是渴望的,当意识到对方也爱自己时,他会奋不顾身地为之努力,试图通过自己的能力和进取来得到阻碍者的认可,但是复杂的社会现状,人与人之间的思考往往超越他那时的单纯思维。于是,史铁生在经历痛苦的情感波折后,只能把内心细腻的情感埋在内心深处。然而,当史铁生把他所有的精力都集中于所热爱的文学创作时,不但取得了一定的成就,而且还迎来了意想不到的爱情。陈希米就是这个世界上真正等待史铁生的人,当有一天这个上海姑娘做出决定来到史铁生身边之时,这就是上天的福祉,给这个沉闷的家庭带来了温馨和快乐的氛围,从此也改变了史铁生的生活。

陈希米的到来真正地让史铁生等待多年的爱情开出希望之花,正如他所说:"那时我又一次摇进了爱情,并且至今没再摇出来。"[1] 史铁生在

---

[1] 史铁生.我的轮椅[M]//史铁生.日常生命观.北京:北京大学出版社,2015:185.

实现了写作的理想之时,又实现了自己的爱情梦想。1989年对于史铁生来说是非常特别的,虽然这一年他的病情复发,但是他的内心是快乐的,因为他的身边多了一位照顾他的女性。这位大方得体、忙前忙后的知识女性成了关心史铁生的人群中最为耀眼的一位。史铁生的生前好友柏晓利大夫说,就是在1989年史铁生的这次生病期间,她第一次见到了希米,从史铁生的谈吐中她感觉到两个人的关系非同一般,"希米相貌隽秀,为人聪慧,虽然架着一支拐,行动却毫无笨拙。她说话很直接、爽快,做事也非常麻利。整个住院期间,希米不离小史左右,弄得我倒有些不好意思靠前照顾了"①。由此可见,虽然史铁生经受着身体的病痛,但这一年他的内心却是温暖和幸福的。

史铁生与陈希米之间的缘分源于西北大学学生社团组建的那本文学杂志《希望》。史铁生早期的两篇小说《爱情的命运》《午餐半小时》先

---

①柏晓利.友谊从二十一岁开始[M]//"写作之夜"丛书编委会主编.生命—民间记忆史铁生.北京:中国对外翻译出版有限公司,2012:202.

后在《希望》杂志上发表。当时的陈希米正就读于西北大学数学系，也许就曾读到过史铁生的作品。《我的遥远的清平湾》发表后，更是引起她对史铁生极大的关注。陈希米虽然是学习理科的，但是对文学也非常感兴趣，据她的同级同学回忆，当时学校里的文科生和理科生相互交往的概率很少，而总有一位学理科的女生时常跑到文科女生宿舍交流，那就是陈希米同学，她的知识面比较广泛，很乐于进行跨学科学习和探讨。二十世纪八十年代初期，正值中国刚刚实行改革开放政策，文学非常受人们的追捧，很多青年都非常热爱阅读文学作品，《希望》原本就是西北大学的中文学生组建的杂志，它的阅读人群大多以本校的学生为主，陈希米与学习文科的同学聊天时，难免会谈到史铁生的作品。

史铁生在《希望》杂志上发表作品后，很快有两篇小说《我的遥远的清平湾》《奶奶的星星》连续两年获得全国优秀短篇小说奖，这不能不受到西北大学《希望》杂志社学生们的关注。陈希米读到这些作品后，加之对于史铁生个人情况的了解，开始与史铁生进行书信交流，表达内心深处对他文学才华和实现个人理想毅力的敬佩。这或者也是激发陈希米决定来到史铁生身边的动力，因为她本身也是一名残疾人，她的右腿略有轻微的残疾，就是因为这点残疾，让她在考大学时屡次受阻，经历千辛万苦才考上了西北大学，自身的感触也让陈希米对史铁生的社会处境有着深刻的体悟。可见，文学让两个人结缘，并在两人之间搭建了爱情的桥梁。

史铁生的生前好友，《上海文学》的编辑姚育明谈到她初次见到陈希米的印象，"简直是尊右腿轻残的维纳斯。这个带有音乐之声姓名的太太很年轻、很美丽、很温柔、很明朗，气质仿佛滤过的透明的水，老史兄福分不浅……陈希米做了他的新腿"①。著名作家陈村曾谈到陈希米给他的深刻印象："我永不能忘记的是她的笑，那是天使的笑容。天使的笑，是那种忘忧的笑、忘我的笑、来去自由的笑、让看见的人也喜悦的笑。没人比她笑得更美好……她常常笑着，灿烂又本分地笑着。有了她的笑，那个凝重的50岁的史铁

---

①官立.史铁生与陈希米"爱情的命运"[N]//温州晚报，2012.4.15.

生再没有装扮殉道者的理由和必要了。"① 可见，史铁生的知己们都为陈希米来到史铁生身边无比地感动和赞叹，上帝最终眷顾了残疾的史铁生。

陈希米为了爱情于1989年1月不顾一切地奔向了史铁生，那时正值史铁生又一次生病期间。当时挚友孙立哲去看望他，史铁生向这位生死之交的朋友说了自己的内心感受，高兴之余又想和他商议陈希米这件事怎样办比较好，同学兼挚友孙立哲脱口说出"结婚"二字。这其实也是史铁生当时所想，他向往美好的爱情，但内心深处又是有所顾虑的，毕竟自身的残疾可能给这位大方得体的姑娘带来沉重的负担，或许也有着其他种种的顾虑。在同学的认同和支持下，史铁生大胆地迈出勇敢的脚步，做出了接受这份爱情的决定。于是，同学好友们纷纷商议解决陈希米在北京的工作问题，一位曾经担任过北京市教育系统干部的老作家，得知史铁生和陈希米的感人故事后，非常愿意帮助他们，最终在其帮助下，陈希米辞去了西安的工作，来到了华夏出版社做编辑工作，与史铁生开始了家庭生活。史铁生的堂弟

---

①陈村.去找史铁生[J]//.课外读物,2006,(1).

回忆:"三嫂嫁入史家是在1989年6月,京城戒严,公交停运,她是坐在自行车后架子上,从北京站驱车进了雍和宫旁的大杂院。"① 他们结婚时,史铁生38岁而陈希米28岁,这对在年龄上相差十岁的夫妻从此开启了人生的新篇章。

史铁生的家自母亲去世后,一直被痛苦的阴影遮盖,缺少欢乐。加之妹妹史岚出嫁后,这个家只有父亲和史铁生父子两人相依为命,长期面对单调的生活,性格相像的父子俩难免出现磕磕碰碰,这在很大程度上是因为这个家庭里缺少了打理和调节生活的人。这位美丽女性的到来,立即改变了家庭的整体氛围。当插队同学打趣地问史铁生关于新家的感受时,他认真地回答说:"新家好,以前别人老说女人和婚姻家庭是一座花园,我也进去转了一下,确实好……"② 逗得大家当场大笑,可见史铁生幸福的婚姻生活使得

---

① 史铁桥.永远的背影[M]//"写作之夜"丛书编委会主编.生命—民间记忆史铁生.北京:中国对外翻译出版有限公司,2012:185.

② 陈徒手.感念几事[M]//"写作之夜"丛书编委会主编.生命—民间记忆史铁生.北京:中国对外翻译出版有限公司,2012:136.

他在精神上又上升了一个境界。

史铁生多次谈到残疾与爱情是他两条最根本的生命密码,关于这两个问题,他说:"爱情就是人们在相互寻找,尤其是两个孤独的心灵。残疾是什么,残疾就是残缺。人都是有残缺的,人要完满完美自己,所以才有了各种创造。"[1] 残疾虽然改变了史铁生的人生,但他终于在若干年后等到了真正属于自己的爱情,陈希米就是那个可以慰藉他那颗孤独心灵的人。

1991年9月,在北京作家协会一些朋友的热情帮助下,史铁生争取到了优惠的照顾,分到了一套四居室的房子,解决了一家多年来拥挤在狭窄的小平房内的住房问题。史铁生把家从雍和宫26号搬到了水碓子新居,心情大好。他曾说年过四十必会交好运,这也是史铁生人生中最为平和幸福的时期,他有了爱他的妻子,文学创作方面也有所成就,《我与地坛》的发表再一次让他成为中国九十年代文坛备受瞩目的焦点。史铁生在

---

[1] 阎阳生.透析生命[M]//"写作之夜"丛书编委会主编.生命—民间记忆史铁生.北京:中国对外翻译出版有限公司,2012:77-78.

整个二十世纪九十年代时期生活是幸福的,写作是奋进不息的。

陈希米给史铁生的生活带来了新的希望,她的到来延续了史铁生的生命。史铁生1980年的那次生病,由于病情严重,医生曾预测他最多还能再活十年,然而在这十年的时刻即将到来之际,陈希米来了,这也许是上天对史铁生最大的恩赐。陈希米的到来给史家带来了生机,她不仅照顾史铁生日常生活起居,还能够帮助他从事写作,成为他生活和事业上的好帮手。两人结婚之后,陈希米包办和代劳了所有的家务和生活中的难题,史铁生则把所有精力都用在了写作上,他因此也变得更加坦然和知足,越来越淡定从容,对于一些问题的思考也变得更加深邃空灵。

1996年秋,史铁生的父亲因心肌梗死突然离世,这位终日为儿子操劳担忧的父亲卸下他的重担而去,人过中年妻子去世,他一个人带着残疾的儿子和年幼的女儿相依为命。如今,儿女们都成家立业了,他最放不下的儿子如今也找到了自己的人生出路和幸福,他完成使命后安然离去。这样,照顾史铁生和操持家务等的任务都落到妻子陈希米和妹妹史岚的肩上。

陈希米全权负责史铁生的生活起居，平日里还有自己的工作，按时上班做好编辑工作。由于史铁生早前属于自由职业者，生病时主要靠同学好友的医疗资助，但长此以往也不是长久之计，史铁生便向有关部门申请资助，直到2008年他才正式成为北京市专业作家，这一年的年底他享受到北京市文联报销透析医疗费用。因此，独立好强的陈希米需要靠自己的事业来为家庭排忧解难，每天她都像正常职业女性一样骑着自行车上班，后来条件好些才换上了电动车。在史铁生好友的印象中，陈希米总是在小跑着，没有缓步前进的时候，只有她最了解史铁生的一举一动，只有她知道丈夫每时的行动中需要干什么。

史铁生从1998年开始靠透析来维持生命，每周要去医院几次，但总不能每次都依靠同学朋友的帮忙。陈希米是那种能自己行动，绝不去麻烦朋友的人，她和家里的保姆共同承担着史铁生的透析日程。由于要上班，她时常奔波于单位和医院之间，无论是严寒冷冬，还是酷暑盛夏，她总是与史铁生共同走在去医院的路上和回家的途中。史铁生每天都要吃几次数种药片，她都清楚地记着时间，能按时督促丈夫吃药。有时史铁生在朋友来访时,往往控制不住时间与朋友长久热聊,但这样会让他身体疲惫,劳累难眠,这时陈希米会在一旁打断丈夫,让他去躺一会儿再聊。瘫痪病人的血液循环不好,不能久坐,否则会出现褥疮现象,陈希米就加倍地照顾丈夫。

史铁生造瘘后,大小便也需要妻子的帮助,清洗、上药等这些工作都由陈希米完成,而且史铁生多年来,一直不能自己翻身,妻子夜间要给他翻身数次,每隔两个小时翻一次身。好友张铁良曾有一次陪史铁生外出,半夜给他翻身,连续两夜就熬不住了。后来他跟陈希米说起此事,陈希米却说她已经练出来了,她可以在夜里半睡半醒的状态,把对史铁生所有的工作做完,话说得轻松,但要坚持二十多年,真是令人难以想象。夏天,史铁生夜间好出汗,陈希米要不时地给史铁生擦身;冬天,瘫痪病人容易生冻疮,陈希米每天都要给史铁生泡脚。很多年来,陈希米无法睡一个完整的觉,主要是对于史铁生这样的重病人来说,日常护理工作不能有半点疏忽,这些陈希米都时时牢记。做这些对于一个正常人来说都非常不容易,更何况对于行动不太便利的陈希米,但她总是能扶着一支拐麻利地干着杂活,不时地围绕在史铁生的身边。

陈希米的所作所为表现了爱情的伟大力量,没有真爱的支撑,没有人能够长期不辞辛苦地给予和付出,所以说陈希米对于史铁生来说是伟大的。史铁生的发小刘瑞虎曾回忆:"我对铁生说过:'铁生,你真是好命,没有希米,你早死了。'铁生也多次感慨地说过同样的话。的确,在这个家里,如铁生调侃着说过的:我们家两个人加起来才一条腿。希米就用这'一条腿'撑起了这个家,里里外外,忙忙碌碌地操持这个家。"[1] 陈希米不仅要悉心护理史铁生的病情,而且还要注意他的衣食起居,对透析病人来说,营养方面不能疏忽。史铁生也算是一个土生土长的北京人,他身上有着老北京文人的传统特质,对吃的方面有些讲究和喜好。因此,陈希米为了让他吃到想吃的东西,经常骑着自行车到很远的地方,给他买来北京正宗老字号的酱牛肉和羊杂碎等。陈希米就是这样用心加倍地照顾好丈夫的饮食,有时为

---

[1] 刘瑞虎.高山流水 四海神游——谈天说地话铁生[M]//"写作之夜"丛书编委会主编.生命—民间记忆史铁生.北京:中国对外翻译出版有限公司,2012:158.

了买到北京传统的小吃,她需要费时又费力地去寻找,精心的料理让史铁生能够获得足够的营养补充,恢复体力。

史铁生幸运地遇到这位善良、漂亮、纯真的妻子,给他保姆和护士般的照顾。除此之外,陈希米还是史铁生文学事业上的好助手。进入九十年代后,史铁生开始用电脑写作,为保护电脑不遭受病毒攻击,他坚持多年不上网,他对图书的了解都是通过妻子陈希米精心筛选的,史铁生家有一个很大的书架,上面的书大多都是陈希米在外面带回来的。她比较了解史铁生喜欢书的类型,当她看到好的书,会马上买回来推荐给史铁生看。通常说来,史铁生阅读的书都是经过陈希米精心选购的,几十年来一贯如此。史铁生曾数次开玩笑地对他的同学好友说:"希米是给克林顿当秘书的料,给我史铁生当了秘书。"[①] 这一方面说明陈希米对于文学有着一定的鉴赏能力和品味,另一方面也说明史铁生取得的文学成就离不开妻子对他的帮助和为之付出的艰辛。

史铁生和陈希米在一起生活了二十一年,共

---

① 邹大立.我眼中的史铁生[N]//.中华读书报,2011.3.23.

同走过了风风雨雨,生生死死,曾一起忧愁,担心史铁生的病不会再躲过一劫,但幸运地战胜死神后,夫妻俩更加珍惜彼此,他们的爱情故事也成为身边朋友谈论的佳话。曾经有一位和史铁生最为熟悉的朋友问他们之间是什么关系,两人不约而同地回答是恋人关系。由此可见,是爱情让两位有缘人走到了一起,爱情又是他们维系婚姻生活和责任的纽带,并且不会因为日常生活的艰辛和困苦而放弃对方,相反却给予对方更多的爱和付出。史铁生曾写到两人困境的状态,"默然相守,病重时我尤感深刻。那时我病得几乎没了希望,而透析费之高昂更令人不知所措。那时的处境是,有钱(天文数字)就可以活下去,没钱只好眼睁睁地憋死。那时希米日夜在我身边,当然她也没什么办法。有那么一段时间,我们只是一同默默地发愁,和一同以听天由命来互相鼓励。恰是这默默和一同,让我感到了爱的辽阔和深重……"[①] 就这样,史铁生和陈希米不知道经历了多少困境和生死磨难,终归不离不弃。

---

①史铁生.给李健鸣 II[M]//史铁生.史铁生的日子.南京:凤凰出版社,2011:277.

陈希米在忙完家务闲暇之余,或者是家中来了客人,史铁生和同学朋友们热聊之时,作为妻子的她会站在一边,微笑地看着丈夫夸夸其谈,通过她流露的表情可以感觉到她很爱自己的丈夫。陈希米在家中时常称史铁生为"领导",因为"领导"总不受他人管辖,她还得听其指示。有时史铁生和来看望他的同学好友即兴聊天之时,时常不想就此停止,虽然知道自己身体不允许长时间坐着,却不想扫兴而去,便坚持着,这时站在一旁的陈希米会不时打断说道:"行了,领导,差不多了,你们不知道,他现在聊高兴了,晚上睡不着可受罪呢。"① 但是这位聊在兴头上的"领导"并没有听从妻子的提醒,直到身体实在感到吃不消的时候,才会暂时告别朋友回卧室休息片刻,再回来接待客人。有时史铁生偶然外出与好友们小聚,他久坐后的小憩,大多会被安排在铺好的沙发上,朋友们围在他周边,伴随热闹的笑声他进入了梦乡,史铁生常跟朋友调侃称自己这样为"活体告别",休息一会儿,他便醒来兴奋地加入到谈话之中。

---

① 邹大立.我眼中的史铁生[N]//.中华读书报,2011.3.23.

史铁生和陈希米夫妻俩在一起总有说不完的话,时常会传来阵阵笑声,因为史铁生的幽默总能逗笑妻子,整个家庭充满着欢笑和温馨。当然,再好的夫妻,也会遇到阴天下雨的时候。史铁生和陈希米之间也会有这种时刻,待到吵架之时,难免也会因为一个问题和观点发生争执,互不相让。但是看到史铁生扔着手边的轻物之时,陈希米会做出适当的谦让,这才是真正的平凡夫妻,当然这少有的不愉快会不时被欢笑声冲散。史铁生和陈希米之间的爱情被视为一种现代社会极少见的"耀眼的爱",两个人都属于爱情至上主义者,所以他们是一对平凡的夫妻,曾经一起期待着美好,一起感恩着上帝延续着的相聚时刻。丈夫多少次从死神手里逃脱,因为这世上还有他牵挂的爱妻,妻子每经受一次痛苦,就会加倍地珍惜着这来之不易的幸福。这对不凡的夫妻依靠坚强毅力展现出了人间不平凡的爱情。

文学的奋进与平淡的低调

1990年前后是史铁生最为重要的人生阶段,他不仅获得了爱情和家庭,也获得了文学创作上的最大成就。1991年,史铁生发表散文《我与地坛》，引起了当年文坛强烈的反响，也成为当时文坛最为闪耀的明星，成就了他在散文创作方面的文学地位。

《我与地坛》是史铁生一篇最具有代表性的作品，也是九十年代中国文坛最为经典的散文。史铁生根据自己多年以来对病痛祸福、时光死亡、人生命运、生活意义等深刻的剖析、反省与叩问，抒发自我的心声。史铁生以内心的真情实感，质朴真切地表达对生命、世界、景物、他人、人生困境等超越于情感体悟之上的智慧思辨，富有人生寓言与诗性的禅意。文学杂志社的编辑，原本想把《我与地坛》作为一篇小说发表，因为从文学体裁方面来说，小说可能比散文更易于引发读者的阅读兴趣，但是史铁生不同意，他认为《我与地坛》在文体上应属于散文，要求以散文体裁发表。由此可见，相对于外在的文学影响，史铁生更为尊敬文学内部的意义和价值。令人意想不到的是，史铁生的《我与地坛》发表后引起当年文坛较大的关注，更是感染了广大的读者并引发其内心情感的共鸣，尤其是那些忍受生活的苦难、坚守人生困境的人们，读了史铁生的这篇散文能受到一定的心灵启发与精神慰藉。史铁生文学表达的生命理念与人生体悟感动了读者的内心，对于人生困惑者来说，感动和抚慰了他们长期不堪重负的疲惫心灵；对于正常的普通人来说，史铁生的文学所阐发深刻的人生体悟、生命思考，更是时时激励和充实人的内心和精神追求。

《我与地坛》被选入高中课本后，正值青春年华的青年学子，可能即将面临青春的困惑与人生的抉择，读史铁生的这篇散文，能深刻地受到生命价值和人生意义的启迪和引导，以坚定的毅力与善待苦难的精神来把握自己的人生命运。著名作家韩少功曾说，对于1991年的中国文坛来说，即便有其他文学作品的发表，史铁生的《我与地坛》也足够代表着当年文坛的佳绩①，由此可见，这篇散文在当时受到的评价之高，被文学评论界视为史铁生文学创作生涯中里程碑式的作品。

史铁生的《我与地坛》给读者呈现了极为丰富的人生体悟，既有深刻的地坛自然景象描写，

---

①史铁生.史铁生：人的残缺证明神的完美——与〈南方都市报〉记者许庆亮、陈祥蕉[M]//史铁生.史铁生的日子.南京：凤凰出版社，2011：14.

又有不时光顾到地坛的各式人物故事的素描，从不同人物的生活命运、历经沧桑来感天说地，延伸出寓言式的命运感悟。这篇散文共由七个篇章组成，每一部分都融入着史铁生对生活和命运的不同情感体悟。

史铁生的出生和成长之地都离地坛很近，而后几次搬家都没有离开地坛周围，却是越来越近，因此命运之中，史铁生与地坛有着相互等待的宿命之感。当正值青春年华的史铁生陷入痛苦的残疾现状，于一个午后初次来到地坛，从此与这个荒芜却并不衰败的园子结下了深厚的情缘。在史铁生陷入人生最为困顿的艰难时期，是这座古老得被人们近乎遗忘的废园给了史铁生一个可以独自抚慰内心的场所。当史铁生找不到工作，找不到生活的方向，精神陷入痛苦，内心充满迷茫之时，地坛成了他唯一可以暂时逃避一切的心灵港湾。在这里，史铁生可以不加掩饰地发泄内心的痛苦，只有地坛看到了那个备受残疾痛苦折磨的青年是如何忍受巨大的精神苦难的。在褪去种种愤怒和不公，地坛里安静与祥和的氛围让史铁生浮躁的内心恢复了平静之后，又开始享受着与地坛亲近接触的时光，闲暇地走遍了地坛的每一个角落,熟知着地坛里的每一片枝叶。史铁生时常在地坛里看书或者是沉思,地坛陪伴着他度过了那些痛苦的年月,沉浸于岁月长河中的地坛,深刻地思考着人的生与死。

史铁生在《我与地坛》中写道:"无论是什么季节,什么天气;什么时间、我都在这园子里待过。有时候待一会儿就回家,有时候就待到满地上都亮起月光。记不清都是在它的哪些角落里了,我一连几小时专心致志地想关于死的事,也以同样的耐心和方式想过我为什么要出生。……死是一件不必急于求成的事,死是一个必然会降临的节日。这样想过之后我安心多了,眼前的一切不再那么可怕。……剩下的就是怎样活的问题了。这却不是在某一个瞬间就能完全想透的,不是能够一次性解决的事,怕是活多久就要想它多久了,就像是伴你终生的魔鬼或恋人。所以,十五年了,我还是总得到那古园里去,去它的老树下或荒草边或颓墙旁,去默坐,去呆想,去推开耳边的嘈杂理一理纷乱的思绪,去窥看自己的心魂。"①

---

①史铁生.我与地坛[M]//林建法主编.永远的史铁生.北京:华夏出版社,2011:120-121.

正是有着这座古园的陪伴，史铁生从地坛历经沧桑的变与不变之中，感知地坛保留着它最为质朴的姿色，这里既有欣喜又有苦涩，既有新生又有苍凉，既有美好又有凄美，融合人生百味。史铁生从中品味着人间的苦与涩，真实悟到人的生命意义，不能在困境和痛苦中草草结束自己，而是要认真地思考怎样活着才能更有意义，这是史铁生在最为困境的人生时刻，真切地体悟着生死哲理，地坛给他提供了这样一个可以深沉静默心灵的场所。

史铁生由地坛写到自己的母亲，由地坛的庄重深沉写到母亲超越于生活苦难，传递令人敬仰和肃穆的母爱精神。在病残的日子史铁生因无处可去而时常来到地坛，母亲为此不时来到这里，寻找那个失落沉浸于内心孤寂，自尊性极强的儿子，青年人的倔强和面对突如其来的残疾打击，深深沉浸于无法接受现实的痛苦之中，更是无心顾及家人的感受。母亲带着种种担心与不安来到地坛寻找着久久不回家的儿子，就这样，地坛里的每一个角落都留下母亲默默地四处张望寻找史铁生的背影。时过境迁，史铁生坚强地活了下来，努力地写作并取得了成就，母亲却看不到这一切,她带着诸多遗憾与牵挂仓促地离开了人世。这对于若干年后的史铁生来说,是一种深深的自责与内疚。当他无数次来到地坛,一次次地告诫自己,母亲已经不在,但还是不断地幻想着,凝望着熟悉的松柏、斜阳,聆听孤寂中的鸟鸣,直到迎来黑暗笼罩之后的月光,才真正意识到母亲走了,再也不会来到这园里寻找自己了。

母亲在史铁生病重的日子里,忍受着多少难耐痛苦的煎熬和担心,她的心思时刻想着身在地坛中的史铁生,她想对儿子说些什么,又怕伤害青年人那可怜执拗的自尊,只好尊重儿子的内心,给他一些空间和时间去慢慢品味人生磨难的过程。作为母亲只能祈祷着儿子能够战胜痛苦,积极向上,如果史铁生独自在地坛里做出最坏的决定,母亲只能承担这意想不到的灾难。母亲相对于史铁生来说,她承受的痛苦更多更大,对于儿子的残疾,她必须小心翼翼地陪伴着,将自己的痛苦深深藏在心里,长期忍受惊慌难耐的担忧,直到她离世,也没有看到儿子的情况好转起来。当史铁生的情况变得好起来,在文学写作取得了一定的成就后,必然会想到自己的母亲,不断地幻想和追问着如果母亲能够活着那该会多好，她至少会为儿子积极向上的人生感到欣慰，承受的痛苦会变得更少些。

史铁生带着对母亲的思念和对现实的不甘，整日沉浸在地坛，感受着母亲生前曾走过的足迹，无数次惊慌张望四处寻找的身影。当史铁生满怀抱怨地质问上帝为何如此残忍地把年轻的她匆匆地召回之时，又好似明白了上帝的意愿，母亲活着的时候承受太多的痛苦，由于受不了了，才让她离开人世。史铁生只能如此安慰自己，当回忆着与母亲在地坛无数次地相望，或是有意躲避母亲的情景，让如今的他深深地内疚，悔恨自己当时的行为，没有叫住母亲，让视力不好的她，是那样茫然又急迫地在地坛寻找儿子。史铁生真诚地告诫正在成长的人们，不要因为那点可悲的倔强和自尊而无意地伤害着关怀自己的亲人们，更不要为此酿成终生遗憾和悔恨。

史铁生以地坛空间之大联想到母亲焦急地在其中寻找儿子的不易，并以此引发出母爱的伟大与不朽。母亲生前以平淡的行为给予了史铁生深深的大爱，她默默承受苦难的坚韧意志，强忍着痛苦给予儿子关爱和陪伴。这些过往的回忆，随着时间的流逝，愈发鲜明深刻地印于史铁生的脑海之中。史铁生以地坛厚重的历史沧桑来深深地缅怀自己的母亲给予他的那种承受苦难的坚强毅力。

史铁生写地坛的四季留给人们深刻又富有诗意化的季节美景,由自然生命的变更和时空的交替联想到自己的命运,流露出与地坛的分离和不舍之情。史铁生以此表达地坛四季的不同时节的景色给予他深度的情感体悟与人生感慨。史铁生因长期来地坛,深切地感知着地坛的冬去春来的时光变化,体悟到个体人生也是如此,既有生机勃发的新生之时,又有多悲荒凉的淡然时刻,既有在逆境痛苦之中坚韧地迎风前行,又有努力拼搏迎来硕果的丰收喜悦,人生就是这样充满着变化与更新。

史铁生写道:"春天是树尖上的呼喊,夏天是呼喊中的细雨,秋天是细雨中的土地,冬天是干净的土地上的一只孤零的烟斗。因为这园子,我常感恩于自己的命运。我甚至现在就能清楚地看见,一旦有一天我不得不长久地离开它,我会怎样想念它,我会怎样想念它并且梦见它,我会怎样因为不敢想念它而梦也梦不到它。"[1] 史铁生

---

[1] 史铁生.我与地坛[M]//林建法主编.永远的史铁生.北京:华夏出版社,2011:126.

以此告诫自己和人们，当陷入困境忧愁的时刻，不必过度沉浸于痛苦、愤怒和抱怨中，它总有风平浪静的时刻，人生无望之时，要学会勇敢地克服，终归会等到光明时刻的到来。这些都是地坛在时光交错中的变化给予史铁生的深刻体悟。地坛不仅仅是史铁生时常光顾的普通公园，更是给他带来太多人生启迪和精神慰藉的向往场所。

史铁生还写在时间的长河中过往于地坛的各式人群，每个人的生活形态背后都隐藏着物是人非的时过境迁之感。每当暮色初临时刻，一对守时来到地坛散步的中年夫妻，他们的着装和言行体现出时光淡然中的古朴与优雅之风。史铁生时常与他们在地坛相遇，虽然没有想要接近的交集，却相互熟知。十五年的时光，史铁生目视着他们由一对令人羡慕的中年情侣变成了老人，相对视线中的史铁生则由小伙子变成中年残疾者。虽然游走于地坛中的人群不断地更换着，但史铁生与这对夫妻始终是地坛中的常客，不时因见到丈夫独自迟缓地漫步于地坛而深深不安，担心着他妻子的安危，幸运的是一个冬天过后，这位妻子又如往常挽着丈夫的胳膊出现在地坛，这让史铁生的悬心顿时安定下来。我们能够深刻地感受史铁生那颗独孤却异常温暖的善心，虽然他与老夫妻之间不曾有过言语问候，但内心饱含着深厚的关怀。

史铁生写时常来地坛唱歌的小伙子，聆听着他的歌声，感受他对于唱歌的热爱与激情，史铁生曾多次与他在地坛里擦肩而过，各自都有着结识的愿望，却只是相互注视对方，并没有开口问候。直到有一天，唱歌者主动向史铁生问候，各自原本想深聊几句，却在无从说起中相互微笑并客气地告别。从此之后，史铁生再没有在地坛见过这位"歌者"，才意识到也许他那天是有意地道别，却什么都没有说出，史铁生默默地祈祷着这位同龄者能够交到好运。

史铁生写地坛中常有姿态独特、卓尔不群的饮酒者、奇怪的捕捉者、早晨和傍晚穿梭于地坛的过路者，等等。一位素朴优雅的中年女工程师，每当她路过地坛，这里的一切似乎因为她的到来而变得异常幽静与清美。还有一位有着天赋却遭受时光埋没的长跑者，史铁生与他是朋友，深知他多悲坎坷的人生命运，曾试图经过自己的努力拼搏，积极进步而换得改变人生困境的机遇，却数次经历背运的嘲弄，消磨了青春时期的远大志向。因为遭受同样的困境和不公，史铁生与他成了各自倾诉的对象，时常相互痛诉与安慰，激励对方永不服输地保持前行。地坛中这些过往的人群，既有并不熟知的陌生者，又有熟知的朋友，以各自的形态往来于地坛，这些不同过往者的故事，展示了世态人生的百味图景。史铁生通过对这过往的人群表达出时过境迁后，面对人情生活的坦然和平静的心态。

史铁生写经常来地坛里玩耍的一对可爱兄妹的人生命运，感叹着人生总有着意想不到的悲剧，感慨世事存在的必然，关键是人应该学会如何应对不幸。十五年前，史铁生在地坛里偶遇跟着哥哥来到园子草丛中捉虫玩耍的漂亮女孩捡着树上掉落的果实，幸福地沉浸于天真烂漫的童年时光。在多年后的一个上午，史铁生再次在地坛中与这对兄妹偶遇，却发现那个依然漂亮的女孩的智力竟是有些缺陷，无辜地遭受着他人的羞辱，那位已是少年的兄长奋力地驱走前来的坏孩子，无言地保护着捡着很多果实的少女。这不禁引起史铁生内心的惊颤，对上帝的善意再一次发生质疑。

史铁生写道："谁又能把这世界想个明白呢？

世上的很多事是不堪说的。……假如世界上没有了苦难，世界还能够存在吗？要是没有愚钝，机智还有什么光荣呢？要是没了丑陋，漂亮又怎么维系自己的幸运？要是没有了恶劣和卑下，善良与高尚又将如何界定自己之成为美德呢？要是没有了残疾，健全会否因其司空见惯而变得腻烦和乏味呢？……看来差别永远是要有的……我常以为是丑女造就了美人。我常以为是愚氓举出了智者。我常以为是懦夫衬照了英雄。我常以为是众生度化了佛祖。"① 史铁生从多重角度反思与解惑人世间的苦难和不幸，从正反两方面来剖析和认识人的一生可能会经受各种磨难和痛苦。比如那个地坛中可爱漂亮的小姑娘，拥有着美貌却没有正常人的智力。弱智对她来说，是上帝最残忍的不公，但是谁都无法改变她的不幸。

相对而言，世间存在着各种各样的不幸，这些不幸让人懂得感恩于自己的幸运。如同这个世界不可能全是美好的，有了美才能衬托出丑，有善良才有丑陋，有高尚才有恶劣，有残疾才有健

---

① 史铁生.我与地坛[M]//林建法主编.永远的史铁生. 北京：华夏出版社，2011：131.

全，没有差别的世界是永远不可能存在的。因此，诸多的人们在痛苦中学会承受，在逆境中学会进取，在不公中学会坦然。这世上没有纯粹的必然，只有无法预测的偶然，不是每个人都拥有着引领自己走向救赎之路的智慧和悟性。大多数情况人们只能接受苦难，面对现实的不幸。史铁生感叹智障女孩的命运，加之自己遭受多年的残疾折磨，得出人应该勇敢宽容地接受苦难与不幸。

史铁生时常沉思于地坛之中，思考着人的生与死、活着的价值等问题。史铁生设想出一位地坛的园神，与它进行对话交流，反思受困扰的人生问题，在看穿了生死之后应该如何活着。史铁生历经病痛的折磨与生存的无望，他时常会想过死，曾试图一死了之，但是死对于他来说，"是一件无需乎着急去做的事，是一件无论怎样耽搁也不会错过的事"[①]，于是他决定试着活下来，因为他有着诸多的不甘心，更不想一事无成地离开这个世界。史铁生二十一岁时双腿残疾，这应该

---

① 史铁生.我与地坛[M]//林建法主编.永远的史铁生.北京：华夏出版社，2011：132.

是他人生的最低谷,面对人生最糟糕的时刻,他选择处于绝境而重生,于是开始走向写作。史铁生试图通过自己的努力,在这个社会找到属于自己的位置,由起初好于面子偷偷地练习写作,到小说能够在文学期刊发表,这点小小的成就感激发着史铁生。

史铁生曾经一度达到为写作而痴迷的境界,整日思考着小说的结构,如何使小说写作更好,在人生开始有些起色之时,难免又陷入另外一种人生的困境。于是史铁生开始思考人如何不被欲望所左右,做一个精神自由者。史铁生在开辟新的人生出路之时,又陷入个人精神的恐慌。自己能够写出小说来感恩于上帝的福祉,但他又无时不担心这种好运的眷顾不会长久,有一天写作的文思会陷入枯竭。史铁生对此思考和反省后得出:人活着的真正意义,并不是为了各种利益和欲望,一次次地逼迫自己超越极限,放弃人性中最为本质和美好的东西,而是建立于生存基础之上的,超越欲望的困扰与束缚,达到内心本真与自由的生活态度。

史铁生与地坛交流着那些隐藏于心间,只有地坛目睹和深知的故事,反思着生命的更替与轮回。由地坛里万物生存瞬间的变化，感悟着自我的生死之命，人世间有着各式不同的生死离别，但生命的轮回更替却是永恒的，只是它在世界之中将以怎样的形态来体现则不可预知。《我与地坛》中有着史铁生的人生哲理反思，坦诚的自我精神解析，以及面对现实多面人生的苦难悲伤与价值意义的剖析。因此引发人们强烈的心灵共鸣，在时代变迁中，时刻激励着人们考量与直视着自我人生，充满发挥它的文学价值与社会意义。

1990年前后，史铁生还发表了一些追忆往事的散文《我二十一岁那年》《黄土地情歌》《故乡的胡同》《相逢何必曾相识》，小说《钟声》《第一人称》《别人》等作品。这些作品大多满怀真情实感地讲述着过往青春时光，有悲伤也有欢乐，有痛苦也有喜悦，有面对疾病的无奈并感受到朋友们真诚关爱的温暖，有感慨命运的不公，又有历经生死患难，质朴厚重的真情流露。《故乡的胡同》中回顾了陪伴自己成长和留下记忆的故乡，一条条密布交错的小胡同，有着史铁生对亲人们的记忆、童年美好时光、坎坷多悲的承受，又有着甜蜜幸福的时刻。从一定意义上说，胡同给予史铁生的不仅是记忆，更多的是对过往经历的思念。

史铁生在《我二十一岁那年》中回顾自己从生病到残疾,再到时常遭受疾病痛苦的困扰成为医院的常客,感慨自己命运多悲的同时,又感恩于友谊医院的医生护士们的热情帮助和照顾,生死挚友的真情相救,同学好友的时常陪伴与激情畅聊等。这众多的关怀和爱护挽救了史铁生的生命。当他数次徘徊于生死边缘,曾抱怨上帝的不公,怒视着现实的一切,但这都无法改变双腿残疾的现实。真实流露出自己在初病时期对未来充满着诸多的美好幻想,希望经过一年半载的治疗后病情能够好转起来。现实的情况却恰恰相反,期待的希望破灭致使他走向了绝望。在医生和插队同学的帮助和引导下,史铁生开始痴迷于读书,好友们带来的书陪伴着他度过了众多痛苦又无聊的岁月。医生和护士们对史铁生关爱有加,不时地帮他调换病房,让他安静地读书,照顾他窘困的家庭情况。史铁生住院期间,也结识了不同的病友,不同人群的谈吐让他对社会现状有了更深刻的认识和了解,他同情那些因贫穷而看不起病的农民。那个因淘气而导致四肢肌肉萎缩的七岁小男孩,也许永远无法感受健全人的生活;

那对因意外事故瘫痪而相互折磨的恋人，因为相爱而痛苦地分别。这些都让病痛中的史铁生深刻地体悟人生可能因疾病而改变，但唯独精神信仰不可或缺。

进入不惑之年的史铁生在《相逢何必曾相识》《黄土地情歌》中回忆与遥想了当年的知青插队生活，感叹了正值青春年华时期的美好和精神的充实。人的思想和情绪中涌动着革命激情与勇往直前的劳动精神，回顾陕北乡村生活的艰辛与清苦。由于时代生活背景的不同，青春期的情感萌动与叛逆都被宏大的革命意志和艰苦作风所代替。因此面对整日与农民进山的繁重劳作生活，只能借助唱山歌来抒发自我情感，为苦涩的乡村生活增添几分乐趣。插队男青年由开始学唱苏联歌曲到在山间高唱陕北民歌，史铁生颂扬民歌的艺术魅力，直言真诚地流露内心的喜怒哀乐，历经时代变迁，人们表达情感和生活方式都在改变着，但陕北民歌的豪情与那段重要的人生时光将是史铁生永远都难以忘怀的精神食粮。

史铁生努力地沉浸到写作之中，不断地展露着自己的文学才华。1992年，史铁生的小说集《命若琴弦》被翻译成英文出版，根据《命若琴弦》改编的电影《边走边唱》获伊斯坦布尔电影节最佳影片奖。史铁生再一次取得了丰硕的文学成就，奠定了他在中国当代文坛的地位。

相对史铁生的文学成就，他的为人和生活非常淡泊。即便是在文学上取得了成就，他仍然保持淡然和低调的行事风格。九十年代的史铁生已经立足并成名于中国文坛。当时正值中国改革开放的年代，人们纷纷投入到现代化经济建设的热潮之中，有些作家不自觉地投入到当下情怀的写作中，而史铁生却对自己，对社会保持着一份宁静的沉思，抛弃外在的热闹而寻找一片清静之地，尽情深沉地进行着自我反省与对生命境界的探寻，表现出知识分子的责任和良知，一种无为淡泊的知识分子胸怀。

学者许纪霖这样评价史铁生："比较起救世，史铁生更注重的是救心……史铁生除了那些与众不同的社会良知之外，独独还保留着一份难得的淡泊和宁静，在人声鼎沸之中静静地回顾自己的心路历程。"[1] 史铁生的这份淡泊和宁静的文学写

---

[1] 许纪霖.另一种理想主义[M]//上海：复旦大学出版社,2010:152—156.

作心态，融入世态生活的坦然心境，一部分是由于长期遭受残疾生活的痛苦困扰，每一次濒临死亡的威胁，都锻炼了他从容于一切困境的意志和坚强。另一部分则因为他丰富的成长阅历，艰苦的知青插队生活，让他深切地体悟到劳动人民的质朴与真挚。

因残疾而找不到工作的无助，街道小作坊里做临时工的经历，史铁生从中体悟和感知底层小人物的生活苦难，母亲早逝的生死离别，这一切让他这颗饱受苦难折磨的内心变得强大和敏感的同时，也给予他宝贵的精神财富，他从中学会了面对苦难的从容和坦然，学会淡定和默默地寻找生存的出路。史铁生在奋进中创作文学，把内心对生活的厚重体悟融于写作之中，保持着那份善待生活、感知生命的真诚与质朴，保有着淡泊名利的人格魅力。

史铁生的好友，著名作家陈村谈道："史铁生坦然写他自己，他的一生透明坦荡，读过他作品的人知道他许多往事，也看见他的许多思索。那些困苦，经受血的洗礼后成了他的资源，以此走向内心，走通命定之路，去看他人和世界。他追问，但不控诉，不失态。"[①] 由此可见，相对于

---

① 陈村.回想史铁生[J]//上海文学,2011,(2).

史铁生的成名,他的为人更为低调与厚重。这源于他个人的人格修养,长期饱受病痛的折磨,一次次地战胜病魔,路过死神的手边又坚定地活了过来,这让史铁生更为看淡生死,能够平静地活着对于史铁生来说,就是一种莫大的恩赐,而这也锻造了他坚强又富有韧性的人格。

1993和1994年史铁生曾因下肢静脉血栓又两次住进友谊医院,且病情一次比一次严重,虽然对于史铁生来说生病是常事,但是每次都经历于生死之间,无论在精力上还是时间上,都是对史铁生身体的最大考验。每当生病的时候,妻子陈希米总是在他的身旁日夜守护,不知有多少次这样的情景:当史铁生睁开眼之时,看到身旁的妻子轻声地说道:"这一回,恐怕真是要结束了。"妻子会说:"不会。"[1] 可见,对于史铁生说,每次的生病都是对他生命极限的考验,能够安然并幸运地活着对他来说就是上帝的一种恩惠。

史铁生的病占据了他人生的大部分时间,病

---

[1] 史铁生.重病之时[M]//史铁生.记忆与印象.北京:北京出版社,2004:66.

情稳定之时,他会坚持写作,因此,时间对于史铁生显得异常珍贵,他在用生命与时间赛跑中,创作出大量的文学作品,引领读者去思考不同的人生,去自省内心。史铁生有着他自己的人生格言,他信奉"诚实,善思",坚守做人的诚实,能够勇敢地诚实于自己的内心,做到不自欺欺人,认识自己的不足,坦诚地面对自己的弊端,踏实平静地生活。人应该不时地反思与完善自我,超越于现实,立于一定的观察高度去思索问题,在人生前进的道路中做出必要的改进。

史铁生在《诚实与善思》一文中谈道:"诚实与善思乃人之首要……诚实就像忏悔,根本是对准自己的。某些不光明、不漂亮、不好意思的事,或可对外隐瞒到底,却不能跟自己变戏法儿,一忽悠就看它没了。所以人要有独处的时间,以利反思、默问和自省……善美之思不可能不始于诚实,而不思不想者又很难弄懂诚实的重要……所以我更倾向于认为,诚实与善思是互为因果的……读书也是一样,不要多,要诚实;不在乎多,在乎善思。"[①] 由

---

① 史铁生.诚实与善思[M]//史铁生.日常生命观.北京:北京大学出版社,2015:75—83.

此可见，史铁生不仅在文学创作方面取得了较高的成就，在人格修养上也有着令人信服与敬佩的深度，尤其是信守先诚实于自我，敢于剖析与认识自我，才能以善美之心去对待他人与正视社会。中国作家协会主席铁凝曾评价道："史铁生是一个真正有信仰的作家，他的精神品格和他的文学创作，是中国当代文学理应珍视的宝贵财富。"①

以生命善待和感知文学

史铁生进入四十岁后，对于生命和文学更是有深刻的体悟，由于身体残疾的原因，加之经常生病住院，他早已将生死置之度外，只是每一次都感恩于上帝的福祉，让他能够从死神的手里逃脱出来。因此，史铁生更加热忱于文学创作，以生命的坚强奋进地坚持写作，把对世界、社会、人生等思想的认知，以文学形式传递于他人，面对残疾生活的坦然，无欲无求又感恩于生命的生存态度，感动了整个时代，这些都源于史铁生以

---

①林建法主编.永远的史铁生[M]//华夏出版社，2011：12.

生命的真诚去善待与感知文学的文学家精神。史铁生曾谈道:"生命的意义本不在向外的寻取,而在向内的建立……把握现实与自我,正说明我们不能指望没有困境,可我们能够不让困境扭曲我们的灵魂。于是有一种具有更博大的胸怀、更深刻的智慧、更广泛的爱心的人类,与天地万物合成一个美妙的运动,如同跳着永恒的舞蹈。"① 史铁生就是以发挥生命最大价值的坚强毅力,把他的文学精神传递于社会与他人。

　　史铁生是在身体残疾后,因找不到生活的出路而发奋学习写作的,持之以恒地奋进,终于得到文坛与众多读者的认可,他的文学大多融入自身对生活和社会的体悟与发现。史铁生信奉的文学立场,以文学表达的认识世界,与当前其他作家是完全不同的,他的文学在很大程度上融合着更多的人格精神。史铁生把人的生活态度与文学创作联系起来,深刻阐释着他所坚持的文学职责,如:"宽容并不意味着失去锐气,宽容绝不是谦恭加麻木。宽容之妙在于,它可以使人冷

---

　　① 史铁生.生命寻觅与前贤相会的路[M]//史铁生.扶轮絮语.北京:中国盲文出版社,2008:1-10.

静,因而可以让人理解和发现更多的东西。……人们之所以除了看生活还要看文学,就是期待从文学中看到从生活中不见得能看到的东西。……发现,是文学的使命。在大家都能够看到的生活中发现其更深的意蕴那才是创造。……为了这发现的深广和准确,所以需要宽容。"① 史铁生把对于生活的宽容态度引领到文学写作上来,只有人的内心宽容,才能有更为广阔的视野,才能去发现和创作更为博大的文学作品。史铁生进入不惑之年后,他的文学创作更多融入个体深刻的生命体悟与价值信仰,不受制于外在环境的影响。

当时的社会发展背景是,市场经济促使着作家的文学创作掺杂着博得大众化读者口味的娱乐性,文学与商业结合的通俗文学有着更好的发展前景。相对于此,史铁生仍然坚守他的纯文学阵地,就是纯粹的人本精神,探讨着人与生俱来的问题,如对生命意义的沉思,对人的欲望和无法实现后的挣扎状态,对死亡信仰的追问,对人的内心困境的思索,等等。史铁生坚信并认同:

---

①史铁生.人性并不清洁和善美[M]//史铁生.扶轮絮语.北京:中国盲文出版社,2008:106—107.

"文学是文化的一部分。说文化是文学的根，犹言粮食是大米的根了……文学的根，也当是人类与生俱来的困境。"① 1990年后，史铁生没有追随着寻求经济利益的社会创作大潮，依然保持着纯粹的文学精神，这是非常难能可贵的，这也是史铁生的文学魅力所在，他毅然凭借着坚持的文学信仰赢得社会与读者的认可，他的文学更易于引发人的心理共鸣。

1996年，史铁生创作的短篇小说《老屋小记》以全票通过，获得了第一届鲁迅文学奖短篇小说奖。鲁迅文学奖是以中国现代作家鲁迅命名的文学奖项，由文学官方最高机构中国作家协会进行组织与评选，主要奖励于在中篇小说、短篇小说、散文、诗歌、报告文学等文学创作与理论研究方面有较高水平的优秀作品和研究著作。它的文学奖项规格仅次于茅盾文学奖，平均每两三年评选一次，评出该规定年度里各种文学体裁最为优秀的代表作品。茅盾文学奖则是1981年根据著名作家茅盾生前的遗愿，把他的25万元稿费捐

---

①史铁生.文学的宽度与写作的零度[M]//史铁生.扶轮絮语.北京:中国盲文出版社,2008:37.

赠出来设立奖项,以此鼓励中国作家创作出优秀长篇小说,被认为是目前国内文学的最高奖项。鲁迅文学奖倾向于短篇小说创作,茅盾文学奖则是奖励长篇小说。

史铁生的小说《老屋小记》是一次对心灵历程的追溯过程,通过小胡同里几间破旧的老屋内,一群陷入困境的天涯沦落人各自不同的人生命运与生活坎坷,表现人们遭遇生活低谷的困境时,相互安慰与扶助的人情温暖。这是史铁生对自己那段最为低落与困顿人生的回顾,是他对社会底层众态的审视。史铁生在插队回北京瘫痪后,曾经陷入生活无助与人生绝望中,后来他到一家手工劳动作坊做临时工,在这里遇到了各式各样的底层生存者,这些底层生存者几乎每个人背后都有着难以坦言的故事经历。

史铁生以此段生活经历为原型创作了这篇小说。小说由几个主要人物的故事连缀而成,表现出底层民众生存的心酸。以主人公"我"对过往故事的回忆引出那两间破旧特殊的老屋,若干年后对于"我"仍然有着重要的人生意义,因为这里的人们曾接纳了困境时期的"我"。"我"在这里结识了一群拥有着众多不甘的青年和处于社底层边缘的大妈和大叔,他们大多都是迫不得已来此做工,以维持着自我生存。以 V 为首的青年人只是暂时在此做工,以等待着寻求更好的工作机会。"我"与青年 D 因为身体残疾而无法被分配工作,但"我们"的心灵是无比正常美好的,整日一边劳作一边咏唱着欢快的歌曲。青年 D 总是陶醉于他激情飞扬的歌唱中,让沉寂的老屋变得热闹。倔强又有着傻气的青年三子,整日混着不务正业的游荡生活,自知有不如他人之处,受到大妈们的嘲弄后却表现出极强的自尊心,而且不时为"我"的残疾而感到惋惜。只有 B 大爷处处关照与教导三子,总是坚信着三子不傻,只是脑子不太正常,最后三子还是在难耐的生活中跳进了护城河。主人公"我"正值青春的萌动,面对爱情却因为残疾而陷入自卑的惶恐,渴望像正常人那样拥有爱情,但现状注定恋爱的夭折。老屋里的这群青年人都有些难以言说的痛处,有时也曾为自己、为他人而愤愤不平,但只要想活着日子就得继续,忙碌的劳作冲淡了不甘的心绪,唯有相互安慰,寻找生存的信心与勇气。

老屋中的另一类工作群体是年过半百才出门求生的老太太们,她们最期待着这个手工生产组能够发展为正式工厂,那样她们年老之时便谋得了一份可靠的生活保障。劳作闲暇之余,她们不时谈论与期盼着自己的劳作能够得到国家的认可,以改变当前的生活状态。与众不同的是言行优雅的U师傅,她谈吐轻盈,仪表端庄,见多识广,懂得外语,与小屋其他的人相比略显特别,但为人又非常谦和。据说她毕业于名牌大学的西语系,后来因为生场大病而丢了工作,她一辈子都没有结婚。关于U师傅隐藏的故事,去过她家的小T描述,家中摆设非常讲究,拥有着众多的古董艺术品,她在家里身穿旗袍,想必U师傅应该是京城大户人家的小姐或者是贵族的后裔,才有着这般殷实的家境,至于她为什么还要来到老屋工作,也许更多的是寻求一种精神寄托。B大爷自认为是经历过风雨,见过世面的老道者,坚信心正天知,宁可别人负我,不可我负于他人,时常守护着受人欺侮的青年,却有着难隐的痛处,因年轻时从军不当而落得老年生活清苦孤独。史铁生通过两间破旧的老屋内,不同人物的生存状态来阐释世态百味人生,感悟着困境的人们总是对未来满怀期盼,但命运的诸多坎坷往往会意外来临,这些在人生困境时涌动的波浪,过往的人和事,都可能在时过境迁后成为永存于内心深处的难忘记忆,不时在逆境中激励自我前进。

1996年,史铁生发表并出版了他的第一部长篇小说《务虚笔记》,这是史铁生在写作方面的又一次突破,出自于他内心对世界观察的勾勒,是纯粹的心灵写作,被视为史铁生心灵自传式的叙述文体。史铁生曾谈起创作《务虚笔记》的原因更多来自内心强烈的感觉与兴趣,"就是在心魂深处,朦朦胧胧总有那么一大片混沌,吵吵嚷嚷地不能让我放下,它们并不适合完整的故事,也不符合现成的结构和公认的规律,那么是不是这种不合规范的东西,就应当作废和忽略呢?不对!我老觉得在那片'混沌'里肯定有什么新的东西,我对这种东西特别有兴趣,总想去把它们尽量表现出来"[①]。这部小说不同于史铁生前期创作的抒情风格,试图表达一种更深刻的哲理意味,任何事件都存在着多种可能的变化,任何人的命运都可能出现难以想象的预料,人世万物的

---

① 史铁生,何东.我并不关心我是不是小说家——史铁生病中闲谈[M]//史铁生.史铁生的日子.南京:凤凰出版社,2011:9—10.

命运都有着多种可能发生的偶然境况，却神秘又无奈地按照这种可能性的规则前行。

《务虚笔记》由若干个人物的间断性交叉故事组成，史铁生试图通过变化的可能来向读者传递着众多的人生哲思，如对生活的认识，对残疾与爱情的思考，命运与他人的关联，等等。相对于史铁生前期文学创作的故事性和抒情性，这部小说更多的是内心强烈爆发的对世界和生活的认识和感受。史铁生阐释道："如果要用最简单的话概括，就是想说一说我这几十年生命的主要印象……对人真正产生影响的东西，未必只是事实，更可能是印象。对很多人和事，猛地去想，你可能根本来不及去分辨谁是谁，哪件事与哪件事一定是什么关系，你只是立刻到达一个突出的印象点，它给你一种情绪、一种思念，甚至一种思路，而这更可能是命运的出发点。"[①] 这是史铁生多年心绪涌动又深思灵魂的结果，它代表着史铁生文学创作的新高度，从那之后史铁生的写作突破外在的束缚，更为沉浸于个体的思索与

---

① 史铁生,赵为民.与史铁生谈《务虚笔记》[M]//史铁生.史铁生的日子.南京:凤凰出版社,2011:90—91.

体悟。

  史铁生在整个九十年代期间发表了大量谈论生病和写作、生命和死亡等关乎人生考问与自我灵魂坦然的散文和随笔。史铁生在《我的梦想》《记忆迷宫》《复杂的必要》《宿命的写作》《熟练与陌生》《墙下短记》等篇章谈论自己的人生梦想，因为身体残疾等原因与文学之间的结缘，从事写作的原因，阐释对文学写作的真切理解。由生活中众多重要的感触来认证文学也需要复杂的过程，复杂的经历对于个人和生活的必要。《复杂的必要》中由寻找去世母亲多年的坟墓却再也找不到了，引出在不过度耗费的情况下，祭奠亡灵的重要，对于珍重的亲人更是如此，讲究内在的心魂纪念，这种仪式不能被忽略，间接地引出文学也该遵从与接近复杂的原则，正如："从复杂的过程看生命艰巨的处境，以享隆重与壮美。其实人间的事，更多的都是可以删简但不容删简的。"①

  史铁生在《好运设计》中，由人在背运后往

---

①史铁生.复杂的必要[M]//史铁生.史铁生的日子.南京:凤凰出版社,2011:107.

往会想到自己来世会是怎么个样子，以此谈论若干类型人生的设计，若干可能重新设计的人生。大多人都会期待着幸运和美好眷顾自己，然而，史铁生则寻求一种中和的人生原则，既能体悟高处旷达深厚的社会视野，又有着低处世态民情的真切体悟，但命运总是不遂人愿，不可能全都拥有好运。人只有在随心所欲的好运设计，带有幻想性地去勾勒自己想要的人生。在一系列无法完美至善的设置中，得到人生总有不如意的欲望，为此时常会陷入想象的绝望，这时只有各种各样的过程来促成形形色色的人生。因此，要学会善待过程，享受过程与体悟过程，这样才不会枉费生命存在的价值与活着于世的意义。史铁生曾谈道："生命的意义就在于你能创造这过程的美好与精彩，生命的价值就在于你能够镇静而又激动地欣赏这过程的美丽与悲壮。但是，除非你看到了目的的虚无你才能够进入这审美的境地，除非你看到了目的的绝望你才能找这审美的救助。"[1]史铁生试图告诫正经历困境的人们，也许在痛苦

---

[1] 史铁生.好运设计[M]//史铁生.史铁生的日子.南京：凤凰出版社,2011:57.

和不屈的过程中,会迎来别人无法欣赏和感受的一种生命的境界。

史铁生在《随笔十三》《说死说活》《对话四则》《神位、官位、心位》《三月留念》等随笔中探讨着人生命的平等,残疾并不仅指身体的而更多指的是灵魂,人的生死之命,人活着的形式与价值意义等,文笔较为洒脱、自由地表达着其丰富的内心世界。在《说死说活》中谈论了生与死的相对规则,奉行着死亡其实是传递着生的另一种消息,虽然肉体消亡了,但它的灵魂延续却是永恒的,从侧面也阐释出生命对于宇宙虽渺小,却蕴含着无限存在的意义。如:"一个人死了,正像永远的乐曲走过了一个音符,正像永远的舞蹈走过了一个舞姿,正像永远的戏剧走过了一个情节……以及正像永远的跋涉告别一处村庄。当一只蚂蚁(一个细胞、一个人)沮丧于生命的短暂与虚无之时,蚁群(细胞群、人类,乃至宇宙)正坚定地抱紧着一个心醉神痴的方向——这是唯一的和永远的故事。"[①] 从优美的语言与深刻

---

① 史铁生.说死说活[M]//史铁生.史铁生的日子.南京:凤凰出版社,2011:286-287.

的哲理中可以看出,史铁生早已看透生死的命运,正如人们对于史铁生文学的高度评价:"对人生意义的叩问,生命共鸣的追寻是史铁生文学的主题。"①

1996年对于史铁生来说,是一个非常特殊的年份,他不仅出版了第一部长篇小说,还第一次应好友陈迈平的邀请出国。史铁生与妻子陈希米来到瑞典斯德哥尔摩参加文学交流会,这在一定意义上开拓了他的写作视野。此次文学交流会对于史铁生来说,更是一次与海外华语作家与瑞典汉学家的文学心灵沟通。陈迈平是位翻译家,笔名万之,翻译之余也从事文学创作,曾出版短篇小说集《十三岁的足球》。陈迈平是二十世纪八十年代留学海外的知识分子,后任教于瑞典斯德哥尔摩大学东亚学院,并结识瑞典著名汉学家、诺贝尔奖评委会委员马悦然的得意门生北欧姑娘陈安娜,后与之结婚。陈安娜也是专业的翻译家,曾翻译过大量的中国文学作品,如诗歌、小说等,其中包括当前文坛的著名作家莫言、余

---

①电视纪实片.往事——我的挚友史铁生[T]//http:v.163.com/jishi/V5P6UVHTJ/V7KVQTLK5.html.

华、苏童、韩少功、王安忆等的作品。陈迈平因翻译成就突出，2015年被瑞典学院，世界级诺贝尔文学奖的评奖机构，授予翻译奖。

史铁生在陈迈平的盛情邀请下来到了瑞典一个距离斯德哥尔摩有六十多公里，周围被森林和湖水环抱着的博姆什维克，参加一个"沟通：中国文学面对世界"的主题讨论会。参会者大多为旅居海外的华语作家与瑞典汉学家，史铁生在异国享受着与同行者的思想碰撞，渴望沟通的真诚。史铁生记述这次出国之行的随笔《外因及其他》中写初次历经长途飞行来到异国他乡，感受着陌生又好奇的异域风情，悠久的欧式建筑风格，雕刻艺术的精湛，斯德哥尔摩街道和楼房的古老优雅、干净幽静，天空的晴朗与清晨的安静给予人一种陌生又熟悉的诗境之感。史铁生看到了会议上唯一不懂汉语的一群组织者，默默地为讨论热烈的会场做着服务工作，并由衷地为这样的文学交流氛围感到快乐与激动，这让史铁生尤为感动。

史铁生参观了瓦萨沉船博物馆，观赏着一艘三百多年前沉入海底的战船，瑞典人为了保护它年复一年，日复一日地给船体喷洒药水，坚持长达十六年之久,感受着瑞典人保护文物的不懈精神。史铁生还来到瑞典文学院,瞻仰了庄严又神圣的文学评奖圣地,看着当年世界级文学大师福克纳和马尔克斯曾获奖演说的位置,敬仰着文学巨匠们创造伟大文学的贡献。

异国的一切如同美好的童话一般,但它对于外来者史铁生是一个无法感知的陌生世界,而适合自己带着命运诱惑,并长久地居于其中的地方才是他能够融入的那种无法言说的切身感触,这就是生活的现实。史铁生曾说:"什么样的地方都有人居住,什么样的命运都有人去承担,什么样的行为都有人来体现,虽然这样就不会很完美无缺。但完美无缺了倒又是一种缺憾,反使心魂无路可循。"[1]

1997年对史铁生来说同样有着非凡的意义,在终身挚友孙立哲的帮助下,史铁生和妻子陈希米进行了一次周游美国的旅行。这一年史铁生的身体状况愈发不佳,肾功能日趋衰竭,他又一次地对好友孙立哲谈到这次可能真的是走到了人生

---

[1] 史铁生.外国及其他[M]//史铁生.史铁生散文选集.天津:百花文艺出版社,2011:137.

的尽头。孙立哲原本是学医的,他坚信不到最后一刻不要放弃一丝的希望,更不能自我妥协,因此建议史铁生下一步进行透析。

孙立哲是史铁生在清华附中读书时期的同学,曾一起奔赴延安插队,同住一个窑洞内,白天一同下地干活,夜晚在睡炕上谈天说地。史铁生后来因腿病加重被安排在生产队养牛,孙立哲后来自学医术走访乡间救死扶伤,当时中国农村整体医疗条件落后,一些下乡的知青见到乡亲饱受疾病的困扰,就主动承担起了救死扶伤的重任。孙立哲因当时为很多农民治病,而且是多次奋不顾身地冒险救助徘徊于生死线上的贫困农民,他很快成为当地小有名气的"赤脚医生",再后来他无私地游走于乡间为农民看病的事迹被树立为知青典型,在当年数千万知青中流传与称颂。应邀作为知青的先进典范在北京大学与清华大学做报告,他的事迹轰动了整个京城,受到了中央领导的认可。虽然被提任为延安卫生局的副局长,但孙立哲一直坚持下乡为民看病,后来患有严重的肝病,不得不返回北京治病,面临着身心的双重困顿。

1976年"文化大革命"结束后,因曾经在

"四人帮"当政时做过汇报演讲,孙立哲陷入了被划为在"四人帮"问题上犯了严重错误的行列,被遣派延安接受政治关押和审查,送回延安后被关押在一个黑窑洞内,接受劳改和专案组询问审查,交代政治认罪问题并写材料。孙立哲被关押和批判的事引起了当地农民的不满,大家都知道他是为乡民治病不收钱的好医生,很多受过孙立哲治疗的穷苦农民记得恩情,纷纷签名和按手印向专案组领导请命,请求放了好心人孙立哲。当时身在北京的史铁生非常担心好友严重的病情,条件的艰苦以及政治的施压,怕他可能有着生命的危险,因此,他一面帮助孙立哲写检查交代问题,承认犯了错误,一边联络召集在京的知青起草申诉书。并与孙立哲的女朋友(后来的妻子)委托熟悉的朋友帮忙把这封汇集陕西老乡的签名,与为孙立哲请愿的联名信递给了一位国家领导人。这位领导人得知孙立哲的事迹和情况,批示这封信后,孙立哲获得释放返回了北京。

这段时期是孙立哲人生最困顿的日子,首先是身体疾病的痛苦和困扰,其次是先前插队生活的所有成绩和名誉都转瞬即逝了,整日躺在医院的病床上看着曾经建构的那些所谓的青春理想走向破灭。加之一起成长的发小纷纷考上了大学，自己却拖着沉重的病体，寸步难行，甚至连考试的资格都没有。政治前途失败的打击，加剧了孙立哲对未来的迷茫，一切梦想皆破碎了。人生的困境与思想的迷茫让孙立哲出院后不愿回到自己清华园的家中，正值中国恢复高考初期，周围的伙伴们纷纷考大学，而他却拄着拐杖行走艰难，所以他就搬到了史铁生的家里，与好友同住。

史铁生的家里原本就是插队知青和同学的聚集点和联络所，同龄好友相聚的活跃氛围，思想火花的碰撞也让孙立哲驱除了心中的困惑。孙立哲对于这段生死经历和史铁生同住的原因解释道："为什么住在铁生家里？一是在农村睡在一条炕上。二是，我两次送他到北京看病。三是我出事了他家就是救我的联络站。原来你在潮流的浪尖上或者在潮流的中央，极大的个人膨胀。现在整个被边缘化成了三无四有人员：没学历、没收入、没户口，有病、有前科……我无处可去，首先想到的是他，他已经完全截瘫了，比我强不了多少。我政治上完蛋了，没想还能爬起来。他自己走投无路生活困顿，却全力帮我置之死地而后生。他是我的救星。"[1] 就这样,同为天涯沦落人的命运让这两位好同学成为最真挚的生死朋友。

孙立哲搬到了雍和宫旁边史铁生家的两间小房子里,与史铁生挤住在一间屋子。那时史铁生的母亲已经去世多年,家中只有父亲与妹妹史岚。孙立哲的父母经常来史铁生家,母亲会劝慰两个落难的年轻人,但父亲作为清华大学数学系的教授,因长年遭受政治压抑而变得沉默寡言。白天史铁生去街道小作坊做工,孙立哲逛菜市场,忙着做饭,夜晚,两位难友整宿地聊天,一起诅咒痛骂着偶然的遭遇与个人不幸的命运,发泄着对社会问题的不满。也曾为对方和自我的身体磨难而痛失希望,感慨着命运的无奈;也曾相互开导对方,慰勉着好友抱着希望前进。这时的史铁生全力以赴地帮助和鼓励孙立哲,两个人就这样渡过了那些忍耐难熬的岁月,而两个人之间的友谊也更加深厚了。史铁生在随笔《病隙碎

---

[1] 颜家河一坪头知识青年的博客[B]//http:blog.sina.com.cn/s/blog_64e4ec85010114dt.html.

笔》中专门探讨生命意义的一节，大致就是写给孙立哲的，鼓励他走出当时的人生困境。

1978年，孙立哲经过不懈的努力顺利地考上了北京第二医学院的医学研究生，由于史铁生撮合，与当时正在读北京大学中文系的吴北玲恋爱，最终迎来了命运的转折与生活的希望。史铁生与孙立哲是生死与共的患难之交，各自在对方最困顿的时期，竭尽全力地帮助过对方，正因为有了史铁生的帮助，孙立哲度过了人生最落魄的转折时期。他从考上了研究生到后来出国留学，在美国创办自己的公司，再到回国创业等，改变了不可想象的人生。孙立哲无论走到哪里都与史铁生保持着密切的联系，曾多次帮助过好友史铁生，在每一次史铁生病重需要做出重大决定之时，孙立哲都是最主要的参与人，他也曾不放弃一丝希望地挽救史铁生的生命，史铁生因为得到他的一次次帮助而活了下来。

1997年，孙立哲得知史铁生肾功能可能面临着衰竭后，决定下一步让史铁生接受透析来延续生命。因此，在做透析之前，他邀请好友史铁生前往美国旅行，让挚友能够领略到异域的风情。

考虑到史铁生身体的不便,能够适当休息,减少旅行的劳累,孙立哲精心准备了一辆巨大的房车,带着全家陪伴史铁生及其妻子陈希米,与北京友谊医院的好友柏晓利,清华附中时期的同学张铁良、霍秀等一起边走边聊,周游了大半个美国。这次的旅行,由于众多好友的陪伴,史铁生夫妇玩得非常愉快。史铁生躺在大房车的双人床上尽情地欣赏窗外流动的风景。妻子在身边忙前忙后地照顾着,时而换尿管,时而量血压和喂药,身边陪同的好友也是对他细心照顾,大家还开玩笑地称史铁生为皇上待遇,热闹非凡地聊天说笑,消除了旅途的劳累。

史铁生后来在给一位作家的信中叙述了这段美国之旅,"九七年去美国时,身体已经非常不好。我的同学请我去,说是我再不去,一旦'透析'就去不成了。……那次去美国,幸亏我那同学有一辆房车,一路上我可以躺着,否则不可能走了那么多地方。我们从洛杉矶出发,去了拉斯维加斯、大峡谷、菲尼克斯、新墨西哥、休斯敦,然后北上,经过达拉斯、孟菲斯、圣路易斯、小石城到了芝加哥……然后又往东,去了大瀑布,到了普林斯顿,……然后郑义带我们去了纽约和华盛顿。"①这次历经大半个月的旅行,史铁生不仅开拓了眼界,而且深切地感受了异国风光,重要的是与多年的老友再次重聚的美好时光,让史铁生心情大好。虽然长途跋涉到达芝加哥后,史铁生身体出现了吃不消的疲劳症状,肾功能出现了衰竭,只好逗留在同学刘瑞虎的家中休息,好友们劝他多休息,但是他依然坚持去看望清华附中时的校友,著名作家郑义。

又是一路奔波,同学刘瑞虎在房车的两边安上护板,避免史铁生的身体受到严重的颠簸,一路前行来到了普林斯顿,见到了老朋友郑义。相见时刻,难免谈起当年清华附中那段特殊时期的经历。他乡遇故知,郑义热情地款待了史铁生与同行的好友们,并带着史铁生游览了美国东部城市,感受华盛顿国会山上的美景,普林斯顿古战场的肃穆,大教堂里悠扬深沉的钟声。史铁生这次几乎走遍了大半个美国,虽然面临着身体疲劳的严重挑战,但是与多年的好友和同学相聚旅行

---

①史铁生.给严亭亭[M]//史铁生.史铁生的日子.南京:凤凰出版社,2011:224-225.

的快乐，这些动力激励着史铁生奋力地坚持着，完成了这次美国旅行。回国后，史铁生病情果然加重，将面临依靠透析来维持生命的日子，这也是史铁生生前唯一的一次，也是最后一次美国之旅。

这是史铁生与孙立哲、刘瑞虎等好友之间纯正深厚友谊的见证，他们曾一起经历过那些特殊的年代，知青插队生活，后又共同经历了生死磨难，经常谈论和缅怀着陕北黄土高原上那段共同受苦却留下终生宝贵精神财富的人生历程。在以后的岁月中相互激励共勉，成为生死挚友。我们从中也能透视出史铁生的人格魅力，虽然他身体残疾，但精神却异常饱满健康，思想活跃，喜欢与人交流，热心帮助他人，受到众多同学和插队知青的爱戴。正是这些好友同学的帮助，才让史铁生渡过了数次的人生难关，这才称得上真正的友谊。

人只有在最困难或者落魄的时候，才能见证真正的朋友，那时仍然还能够倾听你的人，帮助你的人，或者是鼓励的人，都将是你人生最值得信赖的知己。当然，如你终有一日会强于他人，也应该牢记与珍惜那些曾经在你困顿时期给予你温暖和阳光的朋友,竭尽全力去帮助和善待他们,这才是真正的人生知己。正如史铁生的好友孙立哲所说:"人,活在当下,其实是活在未来,换句话说,活在对未来的期望中。"①

---

① 孙立哲.想念史铁生[M]//"写作之夜"丛书编委会主编.生命—民间记忆史铁生.北京:中国对外翻译出版有限公司,2012:57.

第四章
生死超越与坦然无为

生死转折与透析生活

1998年，史铁生肾功能严重衰竭，身体内部系统失去了正常的排毒功能，只能依靠做透析来维持生命。其实早在1980年的一次突发急性肾衰竭导致肾盂积水，引发了氮质血症，后来医生给他实施了膀胱造瘘手术，就断言难免有一天史铁生要靠做透析维生，因为病人到了氮质血症期很容易会进入尿毒症期，肾失去正常的排毒功能。史铁生在一次访谈中说道，他非常感恩于自己的幸运，命运还是非常善待自己的，让他一直坚持到十八年后，才开始进行透析。这已经是很大的恩惠了，因为当年中国的透析水平还达不到标准，如果不是命运善待他，他很可能早就面临着失去生命的威胁了。

透析，就是指病人的自身排毒系统失效，身体内的毒素无法正常排出体外，只能借助先进的医疗仪器，将体液内的生物成分进行分离。通过半透膜纯化技术进行体外液体成分过滤，然后再输回体内的治疗方法，可分为血液透析和腹膜透析。史铁生的透析应该属于血液透析，又称为血透，即人工洗肾，利用一种先进的血液净化技术，将病人的血液和透析液同时引进透析器，利用透析器内的半透膜，以扩散和对流的方式，帮助病人将血液中积聚过多的毒素、水分、有害的代谢物清出体外，从而实现净化血液，维持病人身体各种元素正常平衡的目的。

史铁生的生活和写作由于透析的介入而发生了重大的改变。透析需要巨大的经济支撑，史铁生虽然有知青部门给予的残疾经济补助，但是那点微不足道的照顾只能补助正常的医疗，根本无法维持长期的透析费用的开支。史铁生虽然是职业作家，稿费收入却极其微薄，加之没有固定的收入保障，夫妻俩常常会因为透析费用而焦虑和发愁。这时他的好友们纷纷伸出援助之手，尽力地提供帮助，但时间长了，史铁生夫妇便不愿意总是接受朋友们的救济，直到2008年底，史铁生离世的两年前，政府部门给予史铁生"阳光"政策，北京市文联才开始报销史铁生的透析医疗费用。

透析占据了史铁生生活的大部分时间，几乎每周都要进医院，更是耗费史铁生大量的体能和精力。史铁生基本上每隔两三天就要去医院做透析，而且每次都要用去多半天的时间。起初的透析都靠朋友们前来帮忙，但久病体弱的史铁生，并不想因为自己而给朋友带来麻烦，所以他和妻子坚持独立行动。史铁生由保姆陪伴去医院做透析，妻子陈希米下班后去医院探寻史铁生，然后一同回家，无论刮风下雨，就这样过着家与医院两点一线的日子，对于这样漫长又艰辛的日子，史铁生却生活得井然有序，甚至有着苦中作乐的生活情趣。

史铁生在《"透析"经验谈》中谈道："把枯燥且漫长的'透析'过程搞得活泼些，快乐些……千万别把'透析室'弄得森然、压抑，仿佛那是差一步就到地狱的地方，而要让那儿充满欢声笑语（当然要适度，毕竟这不是歌厅），是一处可以互相信任和终日友好之地，不仅能清除血中毒素,更能康健人的精神。"① 史铁生这种乐观地品味着疾病带来了漫长痛苦的生活态度,豁达的世态精神令人敬佩。

据史铁生清华附中的同班女同学刘愉讲述,有一次她陪同史铁生去医院做透析,史铁生非常娴熟地完成复杂又烦琐的透析程序,密切地配合医生做好设备器与身体间的各项接插工作,能够专业地与医生交流显示的各项数据指标,以此来调节透析器上进出的输液按钮。整个过程中,史铁生好像不是患病者,更像是有着临床经验,专门负责透析工作的医务人员,而且不时地与医生和护士们说笑、调侃。史铁生起初由一周一次到后来隔一天一次,而且每次都要折腾他很久,而且他还要驾驶着电动轮椅艰辛吃力地奔波于家与医院之间。这对透析后体弱的史铁生来说确实不易,可以想象他透析后生活的苦涩与乏味,但史铁生把自己调整得别有一番滋味。史铁生坚守多年的生病座右铭是:"把疾病交给医生,把命运

---

① 史铁生."透析"经验谈[M]//史铁生.日常生命观.北京:北京大学出版社,2015:197-198.

交给上帝,把快乐和勇气留给自己。"① 身体徘徊于病魔折磨的痛苦,而精神是超越于常人的豁达与乐观。

透析生活占据了史铁生生前十几年的大部时间,加之透析完成后身体极其虚弱,需要长时间的精心照顾才能恢复体能,由此极大地减少了史铁生的写作时间。史铁生透析后,不可能再像之前那样长时间地写作和读书,一天只能进行控制性的写作和阅读,否则会出现身体疲劳体力不支等症状。史铁生曾谈到透析后的生活规律变化,"在我透析之前,我每天上午和下午各可以工作三个小时,晚上还可以看看书。现在就是不透析,而且还得是在精神状态比较好的情况下,一天也就是上午顶多能写两个多小时,然后下午多少看一会儿书。如果再多干一点,血压马上就会高起来。"② 可见,史铁生后十年的生活,大多是透析之余挤出时间来坚持写作的,他一边带着沉

---

①史铁生."透析"经验谈[M]//史铁生.日常生命观.北京:北京大学出版社,2015:198.

②何东.弦断之夜[M]//"写作之夜"丛书编委会主编.生命一民间记忆史铁生.北京:中国对外翻译出版有限公司,2012:59.

重的疾病躯体,一边以乐观向上的态度从事自己的写作之路。

每次透析之后,妻子陈希米总是加倍地精心照顾史铁生,因为透析病人需要大量蛋白质和热量的摄入,否则很难恢复体力,还会造成营养不良等身体透析负面反应,严重影响下一次透析治疗效果,威胁身体健康。加之透析病人对食物有着严格的讲究与控制,如对蛋白质的大量需求,如对钠盐、钾、磷元素的限制摄入,透析前对饮水量的精确控制,等等。陈希米不惜跑到很远的地方为史铁生买可口的食品,充分补充他体内的营养均衡,谨慎地调节与搭配丈夫的饮食,以保证史铁生快速地恢复体能,尽快地投入到写作之中。

史铁生在面对如此艰难地维持生命的状态下,尽最大的努力继续写作,他乐观坚韧地寻求着生命前进的人生价值与意义。他曾在《"透析"经验谈》一文章中说道:"别太把自己当成病人,适当地工作,实为疗病养生的好方法。反之,终日无所事事,倒难免自我价值失落,结果弄得自己情绪败坏,全家阴云笼罩……自己不再是他人的负担,进而又能对他人有所助益——这种感觉,这份快慰,绝非医药可得;也只有这样,生活的信心才不可动摇。"① 史铁生将这种把艰难化为快乐的生活原则融入几十年的漫长治病生涯之中。他在生病之余创作了大量的文学作品,以此温暖和激励了众多读者的心灵,让更多身处困境中的人们从他的文学作品中感悟着生命的本真意义,从而获得继续前进的勇气与信心。

1999年,史铁生又经历了一次危险的磨难,因下肢静脉血栓严重而住进医院治疗,面临可能截肢的险境,半夜被送到友谊医院,遇到病床紧张,只能在医院的交班室临时接受治疗,经过整夜打点滴溶栓,已经发硬的肢体逐渐恢复正常,史铁生又逃过一次劫难。2009年的严冬,史铁生再次陷入生死关头,患了严重的肺炎,高烧持续不退,病情严重告急,朋友和同学们都非常担心他。那一年的春节,他是与妻子在医院中度过的,转入春天后他病愈出院,又一次从死神身边活了过来。此时,史铁生的身体已经大不如从

---

① 史铁生."透析"经验谈[M]//史铁生.日常生命观.北京:北京大学出版社,2015:196.

前，行动极其不便，妻子陈希米的力量已不足以帮助他，而且每天还要上班，好友便帮忙从国外购买了一架小型的吊车，负责把史铁生每次从床上与轮椅之间相互转移。吊车就如同铲车一般把史铁生搬来搬去，那种痛苦的滋味可想而知。史铁生并没有为此而气馁，而是尽情地沉浸于思想与精神的畅游之中，把他对世界的认识，对人生的感悟，心中所思所想都以文学的形式传递给读者。

史铁生青年时期患病，曾经历了响应特殊时代要求的知青运动，落户乡村与农民共同上山干活，体验着忍饥挨饿的苦难岁月；后又遭受数十年的疾病困扰，曾经历数次被病魔带走生命的威胁，也曾有着青年时期迷茫困惑的人生时刻，但史铁生都坚强而从容地挺了下来，甚至是人到中年时期学会坦然地对待困境。

史铁生在随笔《自言自语》中谈道："人有三种根本的困境，于是人有三种获得欢乐的机会：第一，人生来注定只能是自己，人生来注定是活在无数他人中间并且无法与他人彻底沟通。这意味着孤独。第二，人生来就有欲望，人实现欲望的能力永远赶不上他欲望的能力,这是一个永恒的距离。这意味着痛苦。第三,人生来不想死,可是人生来就是在走向死。这意味着恐惧。……写小说之所以挺吸引我,就是因为它能帮我把三种困境变成既是三种困境又是三种获得欢乐的机会。"[①]史铁生把三种人生困境总结得既全面又透彻,一个有思想、擅长思考的人,他的内心大多是孤独的,即便是爱热闹的世俗常人,也总有着与他人难以达到彻底全盘托出的情况。虽然人喜好群体活动,但其内心难免保留着一种无法言说的孤独,因为人类有着善于思考的大脑。

因此,从一定意义上说,人在某种程度上是孤独的。人也是一种欲望性极强的动物,无论是上层精英还是下层平民,他们都有着自己的欲望。这些欲望会控制人的现实处世态度,形成多彩各异的人格,只不过有的人在某些方面欲望表现的强弱程度不同。如有些更多集中于物质方面的追求,可能会把金钱利益看得较重,有些则乐于追求权势的欲望,那他可能会特别重视人际关

---

①史铁生.自言自语[M]//史铁生.史铁生散文.北京:中国广播电视出版社,1998:52.

系的培养，还有些则寻求精神层面的意义，他的物欲需求可能有所弱化，但都会在不同程度上受到欲望的指控。因此，一旦欲望难以实现，人就会受到痛苦的困扰，客观来说，只要人活着，他就有欲望，而且这种需求是前进不止的，时刻干扰着人的现实，因此人又是痛苦的。从另一方面来说，正是这些体悟与感知让人相对地感受到了快乐与喜悦的滋味。对于死亡，更是如此，人都会对此产生恐惧，正因如此，人会加倍地珍爱自己的生命，在短暂的人生历程中，尽力地发挥着它的价值与意义，但是不可否认，人最终还是会走向死亡。这是事实，只是更多的正常人，不曾在快乐的生活中去思考着生命的终结这样沉重的问题。

对于一些处于困境和痛苦中的人们，往往会在沉重压力的夹缝中，出现两种不同的命运结局：一是轻生，甘于走向自我消亡，另一是绝地逢生，身处绝境而获得重生的信念，把痛苦转化为快乐，从容地对视一切，或者寻找他处的生存之境，这是最能体现出人的两种品格的命运。人的一生总会经历着各种各样的困境，或多或少有着自己的难处，关键在于如何学会处理与战胜这些所谓的绊脚石,走出困境,回归正常的人生轨迹。像史铁生这样,尽量坚强乐观地对视着人生的诸多不如意之处,在身体残疾无望之后,努力地开辟另一条适合自己的生存之路,这就是他热爱的文学写作,在其领域内他能够自由地享受着孤独,暂时忘却疾病带给他的肉体痛苦,淡然地看待生死,寻求思想和精神的自由翱翔,以自己的微弱之光去点燃和照亮他人的心灵,发挥一个残疾者应有的社会价值,仅从这一方面来说,史铁生的精神是伟大的,是值得我们学习的榜样。

死神的眷顾与文学的追逐

史铁生曾数次谈起时常伴随于他的生死之感:"死神就坐在门外的过道里,坐在幽暗处,凡人看不到的地方,一夜一夜耐心地等我。不知什么时候它就会站起来,对我说:嘿,走吧。我想那必是不由分说。不管是什么时候,我想我大概仍会觉得有些仓促,但不会犹豫,不会拖延。"[①] 这种感觉源于长期遭受病魔的困扰,不时

---

① 史铁生. 轻轻地走与轻轻地来[M]//史铁生. 日常生命观. 北京:北京大学出版社,2015:290.

地住进医院,历经死神的多次眷顾,以坚强的生命毅力乐观地活着,并在有限的时间里取得了卓越的文学创作成就。

可以说,史铁生能够活着是医学上的奇迹,早在八十年代病重之时,医生就曾断言他最多能够活十年,但他超越预计,坚持了若干个十年。史铁生在透析后十多年的时间里,一直与死神赛跑,以有限的时间坚持写作。在迎来新世纪之时,史铁生已是众人知晓,备受文坛关注的著名作家。史铁生透析之后的写作,只能以散文或者是随笔片段的形式发表,但更为深刻地呈现出史铁生对人的精神、灵魂、生命的冥思。随着《病隙碎笔》系列于新世纪前后的陆续发表,史铁生的文学创作受到中国当代文坛的认可,引发文学研究者的兴趣。

史铁生被写入了中国当代文学史,受到文坛领域的认可。1999年复旦大学陈思和教授主编的《中国当代文学史教程》中有专门章节介绍并高度评价了史铁生的散文成就,"《我与地坛》是一篇在当代非常难得的、值得人反复吟读的优美散文,作家史铁生以极朴素动人的语言讲述自己的经历和所思。全部讲述所围绕的核心是有关生命本身的问题：人该怎样来看待生命中的苦难。"①编者对于史铁生散文中深刻的沉思精神给予了极高的称赞。这是史铁生的文学创作首次被写入文学史，从而真实地见证他的文学成就与地位。2007年苏州大学朱栋霖等主编的《中国现代文学史1917—2000》中详细地介绍了史铁生的成长情况与文学创作成就，肯定了史铁生八十年代小说创作方面的成就与特点，以及九十年代的文学成就，对于史铁生的文学创作也给予了较高的评价。这些文学史对于史铁生文学成就的客观评价，充分肯定了他对中国当代文学的贡献：八十年代的中短篇小说的清新质朴风格，九十年代的散文对生命和苦难的沉思体悟，2000年之后的随笔，断章式地解答着人面对生死、苦难、残缺、爱情、信仰、写作、艺术等问题，真诚地剖析着自我内心，探讨着人应该怎样才能活出自己的价值与意义。

史铁生在文学道路上总是不断努力地前进着，依靠着生病之余的宝贵时间，在每个年代都

---

①陈思和等.中国当代文学史教程(第二版)[M]//上海：复旦大学出版社,2011:340—342.

给读者留下深刻记忆的文学作品。从《我的遥远的清平湾》到《我与地坛》，再到《病隙碎笔》系列作品等，都是史铁生给予不同时期读者的精神财富，而且他的文学精神不断影响着时代发展中的人们。2000年，《中华散文珍藏本——史铁生卷》出版发行，史铁生也被上海作家协会评为"中国十大最具影响力作家"之一，《我与地坛》和《务虚笔记》被认为是"九十年代十大最具影响力的文学作品"。史铁生就这样凭借着多年的坚持不懈努力赢得了众多认可的掌声。

文学评论界掀起关注与研究史铁生文学创作的热潮是在八十年代末期，史铁生的文学开始引发文学研究者的兴趣，《我与地坛》发表后更是引起了众多评论家的好评。新世纪十年，关于史铁生文学创作的研究在学界形成影响。大量的文学评论家与高校研究人员纷纷投向对史铁生文学的研究，至此形成史铁生文学研究的高峰状态。2003年，史铁生受文学研究期刊与苏州大学的邀请，原定发表以"生命与写作体验"为主题的演讲与对谈，因其身体原因改为书面式的交流。

2004年，受当代著名作家王安忆邀请，史铁生来到复旦大学发表《我们活着的可能性有多少——与复旦大学学生的对谈》的演讲。王安忆是上海著名女作家，出版多部长篇、中短篇小说集，代表作《长恨歌》曾获得第五届茅盾文学奖，现为上海作家协会主席，受聘为复旦大学教授。王安忆与史铁生是较好的朋友，两人因为有着共同的文学爱好相识于1980年，在北京的文学讲习所第一次偶遇，不经意地握过一次手，后来就相互通信来往，探讨文学和小说艺术等。九十年代，王安忆来北京写作或者是学习、开会，曾与北京当地的作家朋友登门看望过史铁生，与史铁生有过几次畅聊，王安忆还曾亲手织了件毛衣送给史铁生。两人多次来往后便熟知了起来，由文友变为朋友，史铁生留给王安忆最深刻的印象是有着非常好的头脑与天性，与他聊天有着愉快轻松的感觉，史铁生内心的表达很真实，有着深刻认识世界的健康心态。所以当王安忆被复旦大学聘为教授后，首先最想做的事就是邀请史铁生来上海，给复旦大学的学生做演讲。一方面可以看出两人之间多年的深厚友谊，另一方面则是王安忆对史铁生个人魅力的敬仰，她希望史铁生的思想与文学精神，能够传递给更多热爱文学的学子。由于史铁生的身体原因，平时很少出行，加上那时已经开始了透析治疗，王安忆对这次上海之行做了精心的准备。

据复旦大学张新颖教授回忆，王安忆对史铁生照顾得非常细致，之前就把做透析的医院找好。由于史铁生行动不便，她亲自为史铁生打理一些小事，甚至是体贴地帮助他整理衣冠，按摩腿脚等，这些都足见两人如同亲朋的关系。在王安忆的精心操办下，史铁生的精彩讲演比较成功，他在轻松愉悦的氛围之中与复旦大学的学子们交流着文学艺术、人生命运、生存哲理等问题。史铁生把自己对于小说创作技巧的深切探讨，对人生阅历的多彩体悟，真诚地传递给正值青春年华的学子们，以内心的真实解答了学生的提问与质疑。

新世纪之后，史铁生的散文《秋天的怀念》《我与地坛》《合欢树》等被选入人民教育出版社和江苏教育出版社的初中、高中语文必修教材。尤其是《我与地坛》被认定为启迪人的心灵，超越于生活苦难与不幸命运的最好精神指引的优秀作品，史铁生的文学受到社会和读者的认可。

史铁生于1999年开始发表《病隙碎笔（一）》，随后连续三年又陆续发表《病隙碎笔

(二)至《病隙碎笔(六)》。2002年《病隙碎笔》系列结集由陕西师范大学出版社、香港三联书店分别出版发行。这本随笔结集让史铁生荣获了2003年度华语文学传媒大奖杰出成就奖。这个奖项创建于2003年3月3日,由《南方都市报》主导设立,坚持"反抗遮蔽,崇尚创造,追求自由,维护公正"[①]的评奖宗旨。每年评选一次,尊重纯文学的创作原则,评选体裁涉及小说、诗歌、散文、文学评论,并授予杰出成就与潜力新人奖励。选拔出最能够代表文学艺术较高质量,不同体裁的作品与文学研究专著,在社会上具有一定的影响力。

史铁生2003年获得首届华语文学传媒大奖杰出成就奖,在身体不佳的情况下,仍然坚持前往广州参加颁奖典礼。评委们的授奖辞,给予史铁生的文学作品高度评价:"史铁生是当代中国最令人敬佩的作家之一。……史铁生用残缺的身体,说出了最为健全而丰满的思想。他体验到的是生命的苦

---

①史铁生,许庆亮,陈祥蕉.史铁生:人的残缺证明神的完美——与《南方都市报》记者许庆亮、陈祥蕉[M]//史铁生.史铁生的日子.南京:凤凰出版社,2011:13.

难，表达出的却是存在的明朗和欢乐，他睿智的言辞，照亮的反而是我们日益幽暗的内心……深深地唤起了我们对自身所处境遇的警醒和关怀。"①

史铁生在2003年4月21日的颁奖大会上，做了质朴谦虚的发言："当我看到有那么多优秀的诗人、作家和评论家在其中的候选名单时，我只是庆幸我也能榜上有名。所以我明白，比我更有资格获取这份奖赏的人绝不在少数。因此，我把这份奖赏更多地看作是大家对我的鼓励和支持。……我一直相信，文学的根本，是为了拓展人的精神，是要为灵魂寻找一个美好的方向。因此，对于一个写作者，可怕的不是所处迷茫，而是步入虚假……维护真诚，壮大真诚，我把这看作是写作的本分。"② 从史铁生的答谢发言中，我们看出了他为人的谦虚，写作的真诚，坚守着文学给予世界和人类的真正蕴意。

新世纪十年是史铁生最为辉煌的人生时刻，他持之以恒坚守的文学写作，受到了社会与大众

---

①http:baike.so.com/doc/6527622-6741353.html.
②http:blog.tianya.cn/blogger/post_show.asp?BlogID=479700&postie=5530612

的充分认可,不断地有获奖的消息传来,这是对史铁生文学的肯定。2002年,史铁生发表的《病隙碎笔(六)》获得第一届老舍散文奖一等奖。这又是一个以具有影响力的作家名字命名的文学奖项。老舍是著名的现代作家,散文奖是老舍文学奖的奖项之一,还容纳了其他文学体裁奖项,始于2002年初评,由老舍文艺基金会和北京市文联共同举办,随后两年或者三年举办一次,奖励有着较高造诣的文学作品。

2005年,史铁生的《病隙碎笔》获第三届鲁迅文学奖,全国优秀散文、杂文奖,史铁生与妻子一起前往深圳参加颁奖活动。当时定居深圳的堂弟史铁桥,接待了史铁生夫妇,并且为史铁生联系在北大深圳医院做透析。一位非常热爱读史铁生作品的湖南退休教师,也在这家医院做透析,听到史铁生的到来非常激动,带着史铁生的书邀请他签名并合影留念。这足以看出史铁生在读者心目中的影响力。

《病隙碎笔》是史铁生进入新世纪后最有代表性的文学作品,文笔随意,富有人生启发意义,时常给予人们生活的预见性,因而受到诸多读者的喜爱，多次再版发行，自1999年开始以系列随笔的形式发表。史铁生透析后因创作时间受限，加之身体原因，不能长时间地坚持写作，只能把自己的思考与认识，片段地呈现给读者。因此，这部随笔都是由若干个短小精悍的篇章组成，每一部分内容都相当精湛，是史铁生人生哲思的精华，通俗易懂，语言质朴，文风真诚，谈到动情之处，史铁生会表现出自嘲式的幽默。也有史铁生进入冥思的状态，谈问题带着深刻的思想性与哲理性，表现自我悟思之感。

　　史铁生结合自己的切身感受来谈命运、谈生病、谈写作、谈生死、谈信心、谈活着、谈希望、谈过往的事、谈时代留给他们那代人的深刻历史记忆、谈信仰和灵魂、谈上帝、谈人性的善恶、谈人生、谈自卑、谈爱情等，时常将自己作为特例来证实某种观点或者道理。如以写剧本来比喻命运的多变，人总会伴随着好运与坏运的交叉进行，却会时常抱怨上帝的不公，噩运的来临，反而会无意识地弱化好运时刻，人对于好的情绪不免会淡忘得太快。事实是生活于现实的人都不应该去抱怨自己命运如何，而是要认清自己的现状，因为命运有时无法预测。史铁生以飞机的起落架和发动机,来比喻人的身体重要部位,自己痛失腿和肾后的身体现状,"躺在'透析室'的病床上,看鲜红的血在'透析器'里汩汩地走——从我的身体里出来,再回到我的身体里去,那时,我常仿佛听见飞机在天上挣扎的声音,猜想上帝的剧本里这一幕是如何编排"①。由命运联想到人生的墓志铭,感慨与设想人生终结的各种状态。

史铁生自嘲称职业是生病,只是利用业余从事写作,感叹着长期饱受病魔的困扰,遥想前世必没有太好的记录,今生才会受到如此惩罚。尝试从换位视角,把生病视为一种生活的游历,与勇者大河上的漂流相比,两者有着完全的不同之处,"漂流可以事先做些准备,生病通常猝不及防;漂流是自觉的勇猛,生病是被迫的抵抗;漂流,成败都有一份光荣,生病却始终不便夸耀……激流险阻锻炼意志,生病的经验是一步步懂得满足"②。讲述自己发烧咳嗽之时才知道身体正常时的舒适,坐

---

① 史铁生.病隙碎笔(之一)[M]//史铁生.对话练习.长春:时代文艺出版社,2000:273.

② 史铁生.病隙碎笔(之一)[M]//史铁生.对话练习.长春:时代文艺出版社,2000:274.

在轮椅上遥想着如能直立行走多好，但生出褥疮只能躺在病床之时，才知道能够每日照常安稳地坐着也是件快乐的事。而患"尿毒症"后更是怀恋过往的美好岁月，最终悟出了人生道理，"其实每时每刻我们都是幸运的，因为任何灾难的前面都可能再加一个'更'字"①。从而说明，人如能幸运地苟活于一生不免已经逃过这样或者那样的凶险，不必再抱怨命运的不公。由人的苦难谈到信心的纯洁，而不是带有功利的目的性。"不断的苦难才是不断地需要信心的原因，这是信心的原则，不可稍有更动，倘其预设下丝毫福乐，信心便容易蜕变为谋略，终难免与行贿同流。"②人的信心应出自于内心的纯洁，而没有着世俗利益可图的私心，以此滋生出获得荣耀后的腐蚀之心。

史铁生还客观地谈科学和信仰。人多会带有着期待美好与寄托的遐想去忠诚于自己的信仰，尤其是背运之时更是向往着从信仰的虔诚而换得

---

①史铁生.病隙碎笔(之一)[M]//史铁生.对话练习.长春:时代文艺出版社,2000:274.

②史铁生.病隙碎笔(之一)[M]//史铁生.对话练习.长春:时代文艺出版社,2000:275.

希望。事实上并非如此，信仰应该是圣洁的，不是带着私利的，"人不可以逃避苦难，亦不可以放弃希望……真正的信心前面，其实是一片空旷，除了希望什么也没有，想要也没有"①。人的内心都有着自己所认可的善恶评判标准，并对此付诸行动，这也可谓是对一种信仰的坚守。随后又谈到人的乐观与悲观、人的自卑起源、情感的各种表达方式等，阐释生命如同奔腾不息的浪水持之以恒地延续着。史铁生说道："浪活着，是水，浪死了，还是水。水是浪的根据，浪的归宿。水是浪的无穷与永恒……死不过是某一个信号的中断，它'轻轻地走'，正如它还会'轻轻地来'。"② 在史铁生的思想世界里，生死不断更替轮回着，在大千世界的生命长河里，死就是一个小生命的短暂终结，生命仍然继续前进。

史铁生有着严谨的自我剖析精神，以谈自我，谈残疾与爱情、残疾与写作对于人性的意义，谈文学，谈写作，谈艺术，谈过往的忆事

---

①史铁生.病隙碎笔(之一)[M]//史铁生.对话练习.长春:时代文艺出版社,2000:277.

②史铁生.病隙碎笔(之一)[M]//史铁生.对话练习.长春:时代文艺出版社,2000:303.

等，从而引入对人性问题的探讨与深刻的自省。史铁生时常以自嘲的语气，审视着自己的现实性格，"一为自卑（怕），二为欲念横生（要）。谁先谁后似不分明，细想，还是要在前面，要而唯恐不得，怕便深重。……他希望众人都对他喝彩，但众人视他为一粒尘埃。我看着史铁生幼时的照片，常于心底酿出一股冷笑：将来有他的罪受"[1]。真实又毫无掩饰地直白于自己的内心，有点自卑之心，又有些自负之狂，也曾向往着受众于社会的理想。史铁生真诚客观地道出自己的缺点及擅长之处，因为残疾而与写作结缘，谦虚地认同自己仅仅是一个不受自由束缚的写作者，似乎不大与文学有着太多的关联，不愿受到太多高深规矩的限制。选择写作更多是因为命运与时机的巧合，更多源于生存的需求，写作成就了史铁生的人生意义。

人生境遇难免有着不得已之处，史铁生信奉诚实却存在不由得的谎言，内心竟无数次地进行自责与反省的挣扎。在历经人生的过往之后才悟

---

[1] 史铁生.病隙碎笔（之一）[M]//史铁生.对话练习.长春：时代文艺出版社，2000：305.

出：上帝是公平的，不必再去因为个人的不幸而折磨或者消殒自己，凡事都会物极必反，学会从正反两面看待问题，每一事的存在有着利弊的多面因素。因此，在困惑迷茫之时，自然要学会平静与适合生活。

史铁生强调"残疾与爱情"伴随着他的成长，并给予自我人生的重要意义。其实这两种观念并不是局限于史铁生个人，对于所有人来说同样具有重大的意义。这里所说的残疾并不是指身体或者是生理方面的残疾，而是为扩大限制和阻止人精神前进的障碍，这种东西在现实生活是每个人都曾遇到的，这会困住人前行的脚步，或是摧毁人的意志，这时就需要爱来启发和弥补。这里的爱情也不是单纯指情感，而更指的是一种美好的理想、希望、精神寄托。这些近乎梦想和祈盼的东西会战胜前面提到的限制性的现实因素，引领人们能够克服困扰继续前进，摆脱人生最黑暗和落魄的状态。

史铁生呼吁残疾人应该与正常人同样拥有爱情的权利。身体残疾者在整个社会受到不自觉的歧视，现实中往往遭遇就业的排斥和世俗爱情的冷漠，从而导致残疾者会有意地表现出更多的自卑,躲避来临的爱情。人对于生存权利与情感的需求是平等的,史铁生倡导社会对残疾者坚持公平和公正的生存原则。由于自身的原因,史铁生对于残疾人的生存心理有着较深的体悟与理解,活着对于残疾者来说是最根本的目标;其次就是尽力地发挥着活着的意义,克服脆弱的内心,坦然地适应与面对社会。真正意义的残疾者,他们的内心可能会比正常人更坚强,性格有着不服输与不认命的生存心理。因此,难免有害怕群体性的歧视,或者是抵触他人的同情。

史铁生认为身体残疾并不可怕,最怕就是陷入一种残疾的误区,"残疾,其最危险的一面,就是太渴望被社会承认了,乃至太渴望被世界承认了,渴望之下又走进残疾"[1]。所以残疾人千万别真把自己变成精神残疾或者是心理残疾,而是做适合自己的事,活着真切自然就好。史铁生在《病隙碎笔》中时刻审视与反省着自我,时而进入遥想往事的空间,时而回归现实人生,在自省之后大彻大悟,表达自我心声,留给读者耐人寻

---

[1] 史铁生.病隙碎笔(之一)[M]//史铁生.对话练习.长春:时代文艺出版社,2000:324.

味的沉思，这也是他在透析之后写作的具有价值性意义的随笔。

史铁生自1999年之后还发表了大量的文学作品，出版小说集《往事》，散文集《记忆与印象》系列、《想念地坛》《扶轮问路》，随笔集《灵魂的事》，电影剧本《妄想电影》等。史铁生仍然以真诚质朴的文风，向读者娓娓道着他对过往的生活记忆，对生命和文学的感受与理解。

史铁生在散文《我的轮椅》中，写到了伴随他的几辆珍贵的轮椅。由轮椅而联想到关怀自己的友人、亲人，以及写作上的文友们。时过境迁，史铁生依然感恩于曾经提供帮助的人们，尤其在残疾之后，轮椅成为史铁生最重要的代步工具。每一辆轮椅对于他来说都有着深刻的意义。第一辆轮椅是由邻居大哥设计，父亲跑遍全城，千辛万苦地求人制作而成，由废弃的自行车与铁窗框改造，再经母亲精心缝制与收拾，最终成了一辆性价比较高的轮椅，重要的是它凝聚着父母太多的关爱与无止的期盼。母亲曾经推着这辆轮椅在严冬雪天里陪史铁生去看电影，那时史铁生正在学习写作，母亲带着喜悦的希望寄托全力地支持着儿子。还有一辆是二十位知青同学和朋友集资赠送的手摇车,这是他们从父母那里拿来的血汗钱,支援着困境中的史铁生。在那个大家都不富裕的年代,它凝聚着深厚的友情关爱,陪着史铁生走过了最艰难困惑的时期,他曾摇着它去小作坊里做工,去地坛里读书与沉思,懵懂地与爱情相遇,开启从事写作的梦想;它陪伴着史铁生度过了诸多痛苦又夹杂快乐和喜悦的年月。后来换成了一辆电动三轮车,更便于出门远行,现代化的工具有利之处又时常有着弊端的瑕疵,每当机件出现问题之时,必会把主人扔置半路。在信息技术并不便捷的年代,只有借助他人之力才能安然到家,机件出现问题更是要求助于友人帮助,因此它更加让史铁生体悟着朋友的可贵。

史铁生于八十年代初获得全国文学大奖后,在文友们的力挺下,一家文学杂志社赠送给他一台折叠式的高档轮椅。它载着史铁生走南闯北地参与到作家的队伍之中,多少次去会文见友,登台领奖,陪伴史铁生诸多个喜悦的人生时刻,甚至还陪伴史铁生出了两次国,这轮椅见证着史铁生的文学成长与进步。随着时代的进步,史铁生的坐骑也在不断更新换代,电动轮椅为透析之后体弱的史铁生提供行动的便捷,虽然价格昂贵,妻子与代理商几经周旋砍价后还是买了下来。因为这种高科技的产品更能让史铁生无论是在室内还是在室外都能行动方便,甚至能够载着史铁生爬山观摩远处的风景,与朋友的团聚,更是减少了妻子时刻关注的负担,它伴随着史铁生直至终老。史铁生以自己几辆富有意义的轮椅而概括若干段不同的人生时刻,感念是世间亲情友情的温暖才让他安康地活着。

史铁生在《轻轻地走与轻轻地来》中,以徐志摩的一首《再别康桥》诗中的名句"轻轻地我走了,正如我轻轻地来"来比喻着人对生与死的淡然态度,回顾了自我的生命历程。人一出生便与世界发生了关联,从此便安然又非常渺小地生活着,由一个无知的幼小躯体逐渐成长为通情达世的人。回忆小胡同中那个简单又惊奇眺望外界的孩童,如今已近花甲之年,但在史铁生看来,如果从时光视角来观望着一个人的成长,只不过如同焦距的远近。史铁生向往灵魂的自由,而不受现实的束缚,超越时空的限制尽情地沉思着,早已把生死置之度外。史铁生未完成的遗作《回忆与随想：我在史铁生》，再次追问人的生死，进一步阐释他的生死观，信奉生命轮回，永恒复返的规则，生命的延续也伴随着欲望和诱惑的存在。史铁生在后期的写作中不断地追问生死和生命的意义，这说明活着对于最后几年的他来说，更是异常艰难，但是他坚信生命有着永恒轮回的规律，生与死对于他来说只不过是从虚无中来，最终自然地回归虚无。

2005年史铁生发表了他的第二部长篇小说《我的丁一之旅》，并且获得了首届萧红文学奖中的小说奖。这个奖是以中国现代著名作家萧红命名的文学奖项，2011年正值萧红100周年诞辰之际，萧红的故乡黑龙江省相关政府部门与作家协会等联合主办此奖纪念萧红的文学成就。首届萧红文学奖颁奖典礼于同年6月3日在哈尔滨举行，并评选出萧红小说奖、萧红女性文学奖和萧红研究奖三大奖项。全国共评出三部小说奖，其中居于首位的是史铁生的长篇小说《我的丁一之旅》，获奖词中这样评价道："《我的丁一之旅》直接叩问生命的意义和自我的灵魂。小说从'爱'切入，追问爱情、友爱、伦理、选择、真相、尊严以及自由的极限等存在事相。史铁生始终不懈地探索小说形式创新的可能性，他的故事，就是他的生命本身，就是生命能握住的那些时刻和事相。……史铁生的创作为中国当代文学留下了一份独特而宝贵的财富。"①

颁发此奖时，史铁生已经离开人世半年，他花费最后的生命精力创作了这部三十二万字的长篇小说《我的丁一之旅》，可以想象史铁生在病痛的空隙间以怎样的毅力坚持写作。这部作品发表后，认同者从更深刻的角度与层面去认知史铁生的文学世界，剖析其丰富的精神内涵。史铁生谦虚地谈到长篇小说的创作："我心里有很多疑问，我有很多想法，我有很多猜想，我有很多幻想，我有很多渴望，这些东西不符合小说，它是不是就应该作废了？如果说它不应该作废的话，我就把它写下来……我写作的目的可以更简单地说，是一种交流，一种对生活的可能性或者说生活态度的交流。"② 史铁生是带着对世界认知的疑

---

①http:roll.sohu.com/20110608/n309573288.shtml
②史铁生.我们活着的可能性有多少——与复旦大学学生的对谈[M]//史铁生.史铁生的日子.南京：凤凰出版社，2011：29.

惑和质问在坚持写作，他的写作更多的是一种对自我灵魂的叩问，是一种超越现实文学规则束缚的写作。史铁生对于写作追寻着灵魂的自由自在，并不像当前有着为吸引读者，顾及出版发行量的作家那样受到经济利益的挟制。史铁生的文学创作完成抛开外在的因素，单纯地从文学的心灵、精神、思想等层面去坚守他的写作理想。

史铁生这种超越世俗功利的文学创作理念，成就了他的文学理想，受到更多读者的认可，他的文学成就和做人的品格气度也赢得文坛的一片赞誉。诺贝尔文学奖获得者莫言曾评价道："我对史铁生满怀敬仰之情，因为他不但是一个杰出的作家，更是一个伟大的人。"[1] 作家阎连科评价："史铁生——一个以其生命为我们攀建文学绝境之道的楷模。"[2] 作家贾平凹给史铁生的文学创作这样的评价："铁生对生命的解读，对宗教精神的阐释，对文学和自然的感悟，构成了真正的哲学。他幻想脚踩在软软的草地上的感觉，踢

---

[1] 史铁生.病隙碎笔[M]//长沙:湖南文艺出版社,2013:2.
[2] 林建法主编.永远的史铁生[M]//华夏出版社,2011:13.

一颗路边的石子的感觉。"① 史铁生虽然是一位身体残疾者,但是他的文学创作与为人风骨却彰显了他的伟大。

灵魂的伟大与精神的不朽

史铁生曾预言如果自己活到六十岁,已是备感足矣。他曾在与上海作家陈村的通信中谈道:"千万不要活到九十岁去,六十岁于我可能适合。"② 2009年的严冬,史铁生因患肺炎重病住进医院,2010年的春节是妻子陈希米陪伴他在医院中度过的,因长久地高烧不退,医生告之病情危机,但幸运之神又一次把史铁生从死神手中拉了回来,史铁生逃过了这次大劫。当时清华附中时期的女同学邢仪来家中看望史铁生,他预知似的告诉同学,冬天对于他来说是一个门槛,不知道自己能否熬过这个关卡。上帝好似明白了史铁生的旨意,在他仅差四天就满六十岁的严冬之夜,真的让死神把他永远地带走了。正当好友们感叹着史铁生活到六十岁不易之时,满怀热情地想为

---

① 史铁生.病隙碎笔[M]//长沙:湖南文艺出版社,2013:2.
② 史铁生.给陈村、吴斐[M]//史铁生.史铁生的日子.南京:凤凰出版社,2011:265.

他庆祝生日之时，他却遵从着自己的"诺言"去了另一个世界。史铁生正是在世间活了六十年。

2010年12月31日凌晨3时46分，史铁生因突发性脑溢血在北京宣武医院病逝。根据他的生前遗愿，把自己的器官捐献给医学用于研究，逝世的当日凌晨6时，史铁生的肝脏移植给天津的一位患者。尊重史铁生的生前遗嘱，他的离世不举行任何的祭奠仪式。正如他信奉死亡的态度，"轻轻地我走了，正如我轻轻地来。……死，不过是一个辉煌的结束，同时是一个灿烂的开始"[①]。史铁生以这种洒脱的精神永远地离开了他的亲人、朋友和热爱他的读者，一生曾经历三十八年的病痛折磨，十三年冗杂繁絮的透析治疗困扰[②]，就这样悄然又无声地走了。但是他克服病魔坚持写作的精神与文学成就永存于世，激励和感染着无数热衷于生命，却身陷困惑的读者，给予他们精神的指引与生存的希望。

史铁生的一生给社会和读者留下了宝贵的精

---

① 史铁生.我之舞[M]//史铁生.史铁生作品集:第2卷.北京:中国社会科学出版社,1995:190.

② 钟晶晶.往事与光照:追忆史铁生[M]//林建法主编.永远的史铁生.北京:华夏出版社,2011:140.

神财富：一是史铁生坚韧有价值的生命观。他时常谈道："生命，至少有一半是在黑夜中呀——夜深人静，心神仍在奔波和浪游。更因为，一个明确走在晴天朗照中的人，很可能正在心魂的黑暗与迷茫中挣扎，黑夜与白昼之比因而更其悬殊……人来到这个世界上，不是为了完成一连串的生物过程，而是为了追寻一系列的精神实现；不是为了当一部好机器，而是为了创造幸福也享有幸福。"[①] 史铁生二十一岁双腿残疾坐上轮椅后，饱受病痛折磨，仍然坚持寻求生存之路，曾做过画工，自学英语，最终踏上文学写作之路，开辟了新的生活天地。功成名就后低调、谦虚、真诚地保持着自我的理想与人格。作为一名身体残疾者，史铁生以健康活跃的思想为社会贡献自己的价值，活出了自己的人生意义。

二是史铁生学会在困惑中树立信心理念。史铁生由于身体残疾的原因，早年时期不自然地有着自卑感，也曾遭遇社会就业的歧视、爱情的受挫等困惑不解的时刻。年轻时曾因羞涩谦虚而退

---

① 史铁生.生命寻觅与前贤相会的路[M]//史铁生.扶轮絮语.北京:中国盲文出版社,2008:8-9.

缩，好友曾告诫他做事需要一点厚脸皮的精神，做自己想干的事情就不要碍于面子，应该树立自信，适当地拥有一点"不要脸的精神"，做真实的自己。史铁生从自我经历中深刻地体悟："尴尬是一种可贵的能力，因为，反躬自问是一切爱愿和思想的初萌。要是你忽然发现你处在了尴尬的地位，这不值得惊慌，也最好不要逃避，莫如由着它日日夜夜惊扰你的良知，质问你的信仰，激活你的思想；进退维谷之日正可能是别有洞天之时，这差不多能算规律。"[1] "信心，既然不需要事先的许诺，自然也就不必有事后的恭维，它的恩惠唯在渡涉苦难的时候可以领受。"[2] 史铁生告诫我们：人的一生可能会面对各种各样的尴尬处境，重要的不是回避或者自责，而是要从中获得正面的积极因素，将其转化为某种信念，并为之努力，才能建立于自我信念。这对于每个人来说，都是非常重要的一个过程，也是人生成长的必然经历。

---

[1]史铁生.人性并不清洁和善美[M]//史铁生.扶轮絮语.北京:中国盲文出版社,2008:104.

[2]史铁生.人性并不清洁和善美[M]//史铁生.扶轮絮语.北京:中国盲文出版社,2008:111.

三是史铁生坦然地面对世事并学会感恩,追求诚实与善思并行。史铁生坚信认识这个世界,要保留着心灵的自由,学会适当地自我反省与独立思考。史铁生一生拥有众多真挚的朋友,他活跃的思想与人格魅力备受好友和同学的喜好。他雍和宫26号的家曾是青年朋友们数次的相聚之地,在那个特殊的年代,有着这样一个能够进行思想碰撞交流的场所,是非常难得的。史铁生虽然行动不便,但那时他狭窄的小屋内充满欢声笑语。史铁生能够坚强地活着,离不开众多朋友的支持和鼓励,甚至是提供经济方面的帮助。史铁生对于这些终生挚友,是充满着感激并感恩的。妻子陈希米曾表示:"史铁生一生最大的财富是朋友多。"[①] 史铁生透析之后,因为体能原因,想集中精力写作,与朋友相聚的时刻越来越少,因此朋友们也格外珍惜着每次相聚的时刻。

史铁生离世前的一天,一群清华附中的"发小"们相聚于他的家中,带着精心的准备,想在

---

① 邢仪.画室里的聚会[M]//"写作之夜"丛书编委会主编.生命—民间记忆史铁生.北京:中国对外翻译出版有限公司,2012:261.

史铁生身体允许的情况下,给他过六十岁生日。史铁生也提前为这次相聚养精蓄锐,与朋友聊得不亦乐乎。谁也不曾想过,这竟是史铁生最后一次与朋友们团聚。史铁生致力于文学创作并赢得应有的尊敬,他不受时代世俗因素的困扰,抛开更多的个人功利因素,专心沉浸于自己的写作,给这个浮躁与繁杂的社会,带来一片心灵思考与自我反省的净土。史铁生的文学精神是伟大的,史铁生的品格是值得尊敬的。

2010年12月30日的下午,北京的天气异常寒冷,凛冽的寒风吹在脸上有刺骨之感,史铁生像往常一样去医院做正常的透析治疗。由于妻子陈希米要去单位上班,家中的保姆又有事不在,便由妹妹史岚去医院接他回家。妹妹准备离家的时候,收到了哥哥史铁生的短信,让她买几个包子带到医院,待他做透析的时候吃。当史岚来到透析室里,看到哥哥精神不是很好地躺在床上,就拿出包子让他吃,但是他当时觉得没有胃口,所以就没有吃。史铁生让妹妹坐在病床边聊天,由于兄妹俩很久没有坐下来长时间地说说话了,所以当时聊了很多家里的琐事。史铁生告诉妹妹自己感觉有些头疼,史岚关心地问他是不是因为天气冷着凉感冒了,就一边聊天一边给哥哥按摩头部,让他尽量放松身体。但是当天的透析并没有像平时那样完全地结束,史铁生因感觉身体有些吃不消了,决定提前结束透析返回家中。

下午四时回到家中,史铁生刚躺到床上,就感到头疼得厉害,非常不舒服,史岚就问哥哥要不要去医院,史铁生当时头脑还算清醒,让妹妹拨打120,并嘱咐一旦自己出现神志不清,应该向大夫描述病情的状况。当救护车鸣笛赶向史铁生家中之时,陈希米正骑着电动三轮车下班往回赶,心中还不时打怵疑虑,谁家这样冷的天气还遇上人的病危。当她来到自家的小区门口,远远就望见那辆救护车正在她家的楼下,急忙跑上去,发现史铁生已被抬上车,她连忙爬上救护车。此时的史铁生已进入昏迷的病状,妹妹与妻子各在一旁不断地与他说话,刚开始他还以低微的声音想说着什么,妻子陈希米凑近问他想要说些什么,昏迷中的史铁生声音低弱却口齿清楚地说道:"我……没事。"① 当时恰逢北京下班的高

---

① 何东.弦断之夜[M]//"写作之夜"丛书编委会主编.生命——民间记忆史铁生.北京:中国对外翻译出版有限公司,2012:60.

峰期，路上堵车现象严重，救护车也被堵在半路，几乎是寸步难行，妹妹与妻子心急如焚，焦虑地看着史铁生的情况越来越不好，再和他说话之时，他几乎不做任何反应。

史铁生被送进了离家较近的北京朝阳医院，通过一系列检查，被直接诊断为"突发脑溢血"，面临两个艰难的选择，一是马上做开颅手术，保住生命；二是接受原状，极可能逐渐走向死亡。面对这个艰难的选择，妻子与妹妹几乎陷入了绝望，各自隐约有着不祥的预感，也许这次死神真的要把史铁生带走，妻子立刻通知了亲朋好友，前来帮助商讨史铁生目前的危急情况。

陈希米面对史铁生目前的病情，详细地向医生了解并预测史铁生接受手术后，将可能出现各种不确定的状况。她立刻走向安静的地方，拨通了史铁生好友孙立哲的越洋电话。当时孙立哲人在美国，陈希米一面告之史铁生当前的紧急病情，一面咨询如何处理目前的情况。孙立哲本人是一位行医多年，临床经验丰富的医生，他也是史铁生生前最要好的朋友。史铁生多次面临生死劫难之时，都会找孙立哲商讨后再下定结论。1980年史铁生重病之时，孙立哲就瞒着史铁生的父亲，自作主张，承担拯救好友的重任，因为告诉老人实情只能让他干着急，根本无法解决问题。1998年，史铁生因尿毒症面临生死转折，加之经济各种因素，有些自暴自弃之感，孙立哲坚定地让史铁生乐观接受透析治疗，只能经历和尝试过才能知道结果的意义。所以，这次陈希米把情况告之后，孙立哲仍然像往常一样坚持要不惜任何代价，不顾及结果地全力抢救史铁生。

但是，这次陈希米并没有完全听从好友的忠告，她想尊重史铁生生前的遗愿，如果一旦出现失去知觉和大脑无法思考的不好结局，他宁愿选择结束痛苦，走向死亡。孙立哲知道陈希米的决定后，他无法接受好友这次真的告别于世的现实，多年的好友就这样地走了，他从感情上不可能无动于衷，挂断电话之后，他的求救短信立刻群发给国内所有旧时插队的好友："我的终生挚友著名作家史铁生，因急性脑膜下出血现在朝阳医院抢救室，目前大约有50毫升积血、中线移位、昏迷，随时可能发生脑疝。看来需要紧急钻孔（或微穿刺等）引流减压或许尚有一线希望。我现在在美国，希望你们即刻关注。不胜感谢！

立哲拜托!"① 孙立哲另又紧急联系了朝阳医院的两位老友即刻关注史铁生的病情,又与史铁生曾多次住过的友谊医院的好友柏晓利取得联系,商讨并咨询史铁生目前最适应的治疗方法。并不断拜托国内好友前往医院,协助陈希米处理紧急情况。

通过2010年12月30日晚上,孙立哲与国内好友发的短信,可以看出他当时虽然身在国外,但想全力抢救好友史铁生的急迫心情:

"希米和我通话说铁生清醒时曾有过交代,不让抢救变成不能动的全瘫或植物人,因此想放弃治疗,我劝她做最后的努力,不一定有用!

"柏晓利刚才发来的短信息:瞳孔已经散大了,凌峰也看了,只是时间问题了。看来是天意!铁生一生与神对话,给人间留下不朽的信息。

"我刚才和凌峰通话讨论,考虑目前情况和铁生自己长期以来多次交代的意愿,放弃治疗尽快脱离苦海是合理的决定。正好六十岁。"②

---

①何东.弦断之夜[M]//"写作之夜"丛书编委会主编.生命一民间记忆史铁生.北京:中国对外翻译出版有限公司,2012:61.
②邢仪.画室里的聚会[M]//"写作之夜"丛书编委会主编.生命一民间记忆史铁生.北京:中国对外翻译出版有限公司,2012:242.

从中见出孙立哲想尽全力挽救好友史铁生的生命及内心的焦急,想尝试最后一线希望去延续好友的生命,但现实情况与医生的诊断让他爱莫能助,只能坦然地接受史铁生即将离世的事实。

文艺评论家何东,通过史铁生的一位好友转发孙立哲的短信而得知当前情况的紧急,他急忙联系了国内脑外科顶级权威专家凌峰教授,求助她前往朝阳医院会诊史铁生。何东与凌医生来到史铁生病床前做精确会诊,仔细观察许久后却抬头眨眼,一言不发,何东上前追问此时做手术的意义,凌医生只是摇头叹气,断言此时的史铁生已经与死亡很接近了。随后,凌医生与陈希米进行深入交谈,决定把史铁生从朝阳医院转移到宣武医院。

此时凌峰教授接到了孙立哲从美国打来的电话,她先是倾听那边孙立哲以激动的情绪强烈地建议做手术抢救史铁生,后听对方平静后,才做进一步的质问与解释:"立哲,我们都是学医的,其他就不用多说了。你应当比我更了解,铁生是一位作家,他平时是要靠智慧和手完成写作的。但现在他的情况是:深度昏迷,呼吸急促而不规律,双侧瞳孔都已放大,对光反应完全消失;如果要我给他做开颅手术当然没有问题。但之后完全康复几乎没有任何可能。我们不但作为医生同时还是他的朋友,谁能接受史铁生失去思想能力彻底不能写作,长期以植物状态瘫在床上呢?"①通过此番深入的分析,电话那头出现片刻的沉静,可以理解孙立哲想做最后救助史铁生的迫切心情,但是现实如此,只能认为是天意了。

凌峰教授不断地称赞陈希米的坚强,是位了不起的妻子,因为作为医生的她不知道曾经有多少次在病房里见到类似这样两难选择的场景,为此而难倒多少病人的家属。陈希米却能够毅然地决定放弃手术,这是需要承受非人的心痛的,并且不是每个人都能够做到如此果断与坚强。

史铁生的好友,曾经数次医治并提供多次帮助,对史铁生病情熟悉的柏晓利大夫,也认为史铁生目前的情况已经是脑疝了,因肾脏功能早已衰竭,无法采用脱水降颅压的方法,那样进入体内的脱水药会滞留,增加心脏的压力。又因史铁生当天做过透析,体内状态不是很稳定,如果做

---

① 何东.弦断之夜[M]//"写作之夜"丛书编委会主编.生命—民间记忆史铁生.北京:中国对外翻译出版有限公司,2012:62.

开颅或者是钻孔手术，很可能会导致出血不止。史铁生早年曾经与她讨论关于"安乐死"的问题，她非常了解面对这样的状况，面对此时，史铁生定会选择有尊严的死去，史铁生也曾告诉过她，活到六十岁最为适合。因此，柏晓利大夫也认为这可能是史铁生自己的选择。

2010年12月30日晚9点半左右，已是完全昏迷的史铁生又被抬入120救护车内，前往凌峰教授担任主任的北京宣武医院脑外科。一路上家人朋友陪伴着他，并时刻地鼓励着史铁生一定要坚持到最后时刻，如果半路上停止了心脏的跳动，就无法实现他生前捐献器官的意愿。凌峰教授之所以要求史铁生转院，是因为她想这位整日以灵魂思考的作家，在最后的时刻能够走得安详些。朝阳医院的急诊室是那样嘈杂，凌峰教授因为史铁生而开了利用职务通融病人的先例，让她的科系同事们立刻腾出一间单独的病房，留给史铁生，希望他在最后的时刻能够安静祥和地走好。进入单独病房后，史铁生的情况发生了不好的变化，由于脑疝而发高烧，面部通红，呼吸急促与微弱交替进行，有时出现身体颤抖与咳嗽等状态。家人与医生见此情景，一边希望史铁生在最后时刻能够没有痛苦舒服地走好，另一边又焦急地等待着天津红十字会那边正向北京赶来的大夫，时间是那样紧迫又让人难耐，大家都担心着史铁生很难坚持到天津方面医生的到来。

就这样几个小时过去了，史铁生脑溢血情况不断恶化，他的心搏却在显示仪器上跳得那样强健有力，在场的医生们都不由得惊叹着，史铁生的生命真是有着超越于凡人的坚强，他的意识中一定有着强烈的信念，让自己等到捐献器官的时刻。妻子陈希米一直陪伴在丈夫的身旁，连续数个小时的奋战，她仍是精力充沛地处理一切，还不时地安慰着前来守护史铁生的朋友们不要太难过。见到史铁生出现身体不适的晃动状态，还像平时那样抚摸着丈夫的额头，并且不时地安慰几句。

就在大家焦急等待了三个小时后，接受器官移植的天津红十字会的专门医生终于赶到，作为家属的陈希米需要去签署一系列的捐献手续。但是，当她走出病房时，史铁生却出现了异常的躁动不安，喉咙发出模糊的声响，身体剧烈挣扎，朋友们见状只好赶紧把陈希米喊回来，妻子回来之后安慰史铁生别闹，说自己不是在他身边吗，片刻之余史铁生果然平静下来。情况好转,陈希米又去办理捐献手续,可是她刚离病床几步,史铁生又开始剧烈地折腾起来,连续重复几次后,陈希米只好把捐赠表格拿到史铁生的床边完成,此时的史铁生却表现出异常的平静,周围的朋友都不禁为这样的场景感慨着,也许只有感情深厚心有灵犀的夫妻,才会有这样感人的灵魂共鸣场面。

当陈希米趴在丈夫身边,签办完所有的捐赠手续后,淡淡地感慨着:"人,没有得到爱情时,会感觉自己痛苦。但如果人遇到了真爱情,面对此时此刻,难道不比没有得到爱情更痛苦吗?"[①]可以想象,此时她的内心应该是承受着多少痛苦,但她只能振作起来帮助史铁生完成生前的遗愿,毕竟她是最了解史铁生的。在一切就绪之后,史铁生的家人和朋友们却被医生们告之,需要再次转到北京武警总医院,因为宣武医院根本不具备器官移植的手术条件和设备,而天津红十字会与北京武警总医院有着直接的医务合作。面

---

①何东.弦断之夜[M]//"写作之夜"丛书编委会主编.生命—民间记忆史铁生.北京:中国对外翻译出版有限公司,2012:65.

对如此复杂特殊的情况，史铁生的好友们开始质疑，是不是应该让史铁生平静完整地走完最后一程，不要再折腾来折腾去，但妻子陈希米却坚持医生们的决定，收拾准备转院，一定要完成史铁生的生前愿望。

2010年12月31日凌晨2点左右，病情仍在加剧的史铁生再次被抬上救护车，转入第三家医院。由于是凌晨时分，马路上不再拥堵，而是异常清冷空旷，寒风猛烈地刮闪着警示灯。朋友的车一辆接着一辆地跟随在载着史铁生的救护车后面。路上相遇的车辆都自觉地为史铁生让路，那种场面正如庄严壮观地为他送行。在亲人和朋友们的一路陪伴下，史铁生来到了北京武警总医院，此时距他发病时已经整整过去九个小时，朋友仍然祈祷着史铁生能够支撑下去完成心愿。

一切如人所愿，史铁生的器官捐献非常顺利，他的肝脏与受捐者完全匹配，被装入专门仪器驶往天津，即将植入那位患者的身体。史铁生在散文《说死说活》中曾谈道："白白烧掉未免可惜，浪费总归不好……将其角膜取下，谁用得着就给谁用去，那两张膜还是拿得出手的。其他好像就没什么了。剩下的器官早都让我用得差不多了，不好意思再送给谁……"① 事实是，让史铁生意想不到的却是他的肝脏发挥了作用。天津红十字会的女医生向众人宣告史铁生先生于2010年12月31日凌晨3点46分离开人世，顿时众多亲朋好友都长长地叹息，又为史铁生的遗体捐献成功而欣慰。又过了三个小时，医生们为史铁生做了细致的缝合手术，才把史铁生的遗体推了出来，亲人和朋友们见到史铁生像往常一样平静安然地躺着，闭着眼睛，好像在思考着什么。史铁生就这样坚韧又顽强地走完了一生，并以惊人的毅力完成了生前的遗愿，淡定安然地走进了他曾多次设想与畅谈的另一个世界，为社会和读者留下了不朽的文学精神与人格魅力。

2011年1月4日，也就是史铁生离世后第四天，正值史铁生的六十年岁生日，在北京名为京东大山子"798艺术区"，包豪斯建筑风格的一间高大的厂房内，举办了悼念史铁生的追思会。史铁生生前的亲朋好友、京城的文化人士、上千名

---

①史铁生.说死说活[M]//史铁生.对话练习.长春：时代文艺出版社,2000:186.

群众和读者自发到场参加了追思会。整个会场的氛围异常温馨，没有哀乐、哭泣，没有花圈、挽联，大家带着鲜花、贺卡、蜡烛、蛋糕与回忆前来纪念史铁生。全场更像是一次庆生的派对，好友柳青带来了北京城里最大的一个蛋糕，让到来的朋友一起分享。墙壁上挂着一张史铁生坐在轮椅上微笑的照片，满载笑脸地迎接每一位到场的来宾，照片下面附着史铁生的诗。

妻子陈希米亲切与朋友交谈握手，现场致辞感谢，感谢曾经给予史铁生无数次帮助的朋友们，传递史铁生生前对待生命的话语和心态，并诵读了他诉说坦然面对死亡的诗句，鼓励来宾们不要悲伤，享受着拥有灿烂的鲜花和温暖回忆的相聚时刻。陈希米带来了一千九百册史铁生的文学作品，赠送给每一位来宾。一张巨大的铁丝网上插满了玫瑰花与来宾们的留言片，大家在留言片上写满诚挚的话语，以此缅怀史铁生。这次聚会由中央电视台张越主持，会上，有的朗读史铁生的作品，有的回忆与史铁生的交往，有的表达对史铁生文学的热爱等内容，场面感人。

中国作家协会主席铁凝带来了史铁生生前爱吃的水果，中国残联主席张海迪手捧六十朵红玫瑰庆祝史铁生六十岁生日,从史铁生当年插队的延安赶来的好友带来了黄土高原的土与延河的水,北京作家刘庆邦带来三束鲜花,其中一束是自己送的,另外两束代表着上海作家王安忆与当年发表《我与地坛》的编辑姚育明女士赠送。当从天津赶来参与捐献史铁生器官的医生告诉大家,植入史铁生肝脏的患者已经能够下地行走时,全场响起了热烈的颂扬掌声。

在场的中国作协主席铁凝感慨道:"能在过去五年间每年都与铁生见面,是我的荣幸。铁生是一个真正有信仰的人,一个真正坚持精神高度的写作者,淳厚,坦然,诚朴,有尊严。他那么多年坐在轮椅上,却比很多能够站立的人看得更高;他那么多年不能走太远的路,却比很多游走四方的人拥有更辽阔的心。在这个不轻言'伟大'的时代,铁生也无愧于'伟大的生命'这样的评价。无论是作为人,还是作为作家,他对中国文学而言都是有着非凡重量的宝贵财富。他个人和文学作品的深厚价值,将随着时间的推移充分地彰显出来。"①

---

①《人民日报》:他代表了一代人的理想[M]//林建法主编.永远的史铁生.北京:华夏出版社,2011:175.

随后全国各地都纷纷举办了悼念史铁生的追思会。王安忆于1月4日在上海复旦大学发起并主持"史铁生追思会",史铁生生前的好友,著名作家陈村、复旦大学教授陈思和到会缅怀史铁生。史铁生曾多次发表作品的《天涯》杂志社于1月2日发表公告,倡议全国各地更多的人能够在1月6日晚同时参与到"铁生之夜"的追思活动,深刻缅怀史铁生不朽的文学精神。全国文学、文化界纷纷设立会场,悼念史铁生。著名作家兼清华大学教授格非,在清华大学设立会场与师生共同缅怀史铁生。海口、西安、长沙、湖北、广州、佛山、珠海、宁夏银川、山西太原、四川成都、云南昆明、江西新余、青海等地相继举办了悼念史铁生的追思活动。社会各界人士、文友和读者纷纷通过不同的方式来缅怀史铁生。

著名学者兼作家周国平评价道:"铁生是中国当代最有灵魂的作家。"[1] 学者许纪霖高度评价史铁生:"史铁生的去世,就像我们中国文学界的某一根支柱倒了。史铁生是独特的作家,他已

---

[1] 史铁生.日常生命观[M]//北京:北京大学出版社,2015.

经拿了中国的精神诺贝尔奖。"① 著名主持人崔永元通过微博悼念史铁生:"作家史铁生今晨离开尘世,天国中又多了一位思想者。他的作品一直在传递着一种理念,表现着一种智慧,展示着一种情怀。他对当下社会稀缺的悲天悯人始终在意,而这正是中国作家群中普遍缺少的品质。"②作家石钟山发微博说道:"一个最纯粹的小说家,史铁生先生去世了,他是我最尊重的中国小说家,一直在和病魔抗争,他的文字洗净了自己,也感染了别人,我愿他一路走好。文坛失去了一位干净的作家。"③ 史铁生就是这样在人们的回忆和缅怀中辉煌地拉下了人生之旅的帷幕。

史铁生的一生短暂而辉煌,他长期遭遇着病魔的折磨和困扰,却以惊人的毅力和信念给社会和读者留下大量的文学作品,深刻地影响和鼓舞着不同时代身处逆境中的人们。史铁生的人生中有两件大事,一件是艰难地与死神做斗争,坚守生命,一件是珍惜宝贵的时间坚持写作。面对数

---

① 史铁生.病隙碎笔[M]//长沙:湖南文艺出版社,2013:2.
② 林建法主编.永远的史铁生[M]//华夏出版社,2011:193.
③ 林建法主编.永远的史铁生[M]//华夏出版社,2011:193.

次的生命困境，史铁生积极勇敢地前行，他的文学精神是永恒的，他坚韧、努力、不服输的人格魅力是值得我们学习和发扬的。史铁生的精神将永远留在读者的心中，并时刻激励着我们正确地认知和反省自我，勇于攀登人生理想的高峰。